conceito/ concept e/ and
coleção/ collection
ITAMAR MUSSE
org.
ANA PASSOS

JOIAS
NA BAHIA

COSAC

JEWELLERY IN BAHIA
IN THE 18TH AND 19TH CENTURIES

NOS SÉCULOS XVIII E XIX

FLORINDAS

Gilberto Gil

Flores negras.
Flores lindas.
Entre tantas outras vindas do suplício.
Trajadas com os trajes esfarrapados dos ancestrais ultrajados.
Filhas da agonia dos martírios.
Destinadas a sucumbirem no escuro porão do imenso sofrimento.
E, no entanto, salvas pelo clarão do sol da vida.
O milagre permanente da semente a brotar em flores redimidas.
Flores ressurgidas no jardim do tempo.
Flores resumidas no resgate da dignidade original.
Ornadas, finalmente, em seus colos e braços, com as jóias da elevação espiritual.
Lágrimas engastadas em anéis de ouro.
Gotas de sangue cristalizadas em rubis.
Florindas, lindas flores, seus colares.
Neste livro de fulgores exemplares!

Onyx flowers.
Exquisite flowers.
Among so many others born of dolour.
Arrayed in the frayed attire of disdained forebears.
Daughters of the martyrs' torment.
Doomed to acquiesce in dark cellars of suffering.
And then for all that, saved by the light of the life-giving sun.
The eternal miracle of the seed burgeoning in salvaged bloom.
Flowers resurrected in the garden of time.
Flowers freed, their dignity restored.
Finally, their necks and arms bedecked with jewels of divine devotion.
Tears inlaid in rings of gold.
Crystalised in rubies—drops of blood.
Florindas, floral flowers, all their splendour.
Fill this book, resplendent in their grandeur!

VIK MUNIZ. *FLORINDA*. IMPRESSÃO A JATO DE TINTA
EM PAPEL ARCHIVAL, 170,2 × 160 CM. COLEÇÃO DO ARTISTA.
VIK MUNIZ. *FLORINDA*. ARCHIVAL INKJET PRINT,
170.2 × 160 CM.

As mulheres negras, vindas da África ou nascidas no Brasil, marcaram profundamente a história do nosso país. Escravizadas, libertas ou escravas de ganho, elas transformaram a colônia com sua coragem e resistência. Mesmo tendo enfrentado discriminação e dor, suas contribuições foram revolucionárias. Na vida cotidiana, compartilhavam conhecimentos ancestrais, construindo vitórias diárias e moldando a sociedade de forma singular. Suas vestimentas, adornadas com ouro e pedras preciosas, se transformaram em símbolo de poder e influência, destacando seu protagonismo no comércio e na vida social.

O Banco do Brasil e o CCBB celebram esse legado feminino e negro. Os livros *Preciosa Florinda* e *Joias na Bahia nos séculos XVIII e XIX* apresentam a história e a riqueza material e cultural acumuladas por essas mulheres ao longo dos séculos. Porém, o verdadeiro brilho está na força e na influência dessas matriarcas, que foram essenciais na construção de uma identidade brasileira. Aqui, apresentamos essa história que por tantos anos foi mantida em silêncio e trazemos à tona nomes como o de Florinda Anna do Nascimento e de tantas outras mulheres pretas empreendedoras no Brasil.

Para o Banco do Brasil, apoiar projetos como *Preciosa Florinda* valida nosso compromisso de ampliar a conexão do brasileiro com a cultura, por meio de um projeto que reafirma nossas origens e ancestralidade, nossas narrativas e nossos símbolos, a decolonização, dentre outras questões que oferecem caminhos para compreender a construção contemporânea de identidades e a contribuição da população negra na formação do Brasil.

Centro Cultural Banco do Brasil

Black women, whether brought from Africa or born in Brazil, have left an indelible mark on the history of our country. Enslaved, freed, or making their living as street vendors, they transformed the colony through their courage and resilience. Despite enduring discrimination and pain, their contributions were revolutionary. In their daily lives, they shared ancestral knowledge, achieving victories that shaped society in unique ways. Their attire, adorned with gold and precious stones, became a symbol of power and influence, highlighting their prominent role in commerce and social life.

Banco do Brasil and CCBB celebrate this Black and female legacy. The books *Dearest Florinda* and *Jewellery in Bahia in the 18th and 19th Centuries* showcase the history, as well as the material and cultural wealth, accumulated by these women over the centuries. However, the true brilliance lies in the strength and influence of these matriarchs, who were pivotal in shaping Brazilian identity. Here, we present this story that was silenced for so many years, bringing to light names such as Florinda Anna do Nascimento and countless other Black female entrepreneurs in Brazil.

For Banco do Brasil, supporting projects like *Dearest Florinda* reinforces our commitment to strengthening Brazilians' connection to culture through an initiative that reaffirms our origins and ancestry, our narratives and symbols, decolonization, among other topics that provide avenues for understanding the contemporary construction of identities and the contribution of the Black population to the formation of Brazil.

Centro Cultural Banco do Brasil

SUMÁRIO/
TABLE OF CONTENTS

OUTRAS
FLORINDAS 10
OTHER
FLORINDAS 10
Zélia Bastos
Joilda Fonseca

UMA JOALHERIA
EXUBERANTE 22
EXUBERANCE
IN JEWELLERY 44
Ana Passos

JOIAS NA BAHIA
NOS SÉCULOS XVIII
E XIX 54
JEWELLERY IN BAHIA
IN THE 18TH AND
19TH CENTURIES 54
COM A PARTICIPAÇÃO DE/
FEATURING
Zezé Motta
E FOTOGRAFIAS DE/
PHOTOGRAPHS
Christian Cravo

JOIAS
DA VIDA 304
THE JEWELLERY
OF LIFE 310
Thayná Trindade

AS CHAMADAS
"JOIAS DE CRIOULA" 314
THE SO-CALLED
"CREOLE JEWELLERY" 324
Thais Darzé

IRMANDADE
DE NOSSA SENHORA
DA BOA MORTE 334
SISTERHOOD OF OUR LADY
OF GOOD DEATH 334
Pierre Verger

SOBRE OS AUTORES/
ABOUT THE AUTHORS 348

OUTRAS FLORINDAS
OTHER FLORINDAS

Zélia Bastos
Joilda Fonseca

FOTÓGRAFO NÃO IDENTIFICADO. MODELO
NÃO IDENTIFICADA. [S.L., S.D.]
UNIDENTIFIED PHOTOGRAPHER. UNIDENTIFIED
MODEL. [N.P., N.D.]

RODOLPHO LINDEMANN. RETRATO DE BAIANA TIRADO NO FIM DO SÉCULO XIX. COLEÇÃO PARTICULAR.

RODOLPHO LINDEMANN. PORTRAITS OF BAHIAN WOMEN TAKEN AT THE END OF THE 19TH CENTURY. PRIVATE COLLECTION.

AUGUSTO HENSCHEL. RETRATO DE MULHER EM TRAJE DE "GANHADEIRA". RIO DE JANEIRO, RJ, BRASIL, C. 1875. COLEÇÃO PARTICULAR.

AUGUSTO HENSCHEL. PORTRAIT OF WOMEN IN "GANHADEIRA" [VENDOR SLAVE] ATTIRE. RIO DE JANEIRO, RJ, BRAZIL, C. 1875. PRIVATE COLLECTION.

FOTÓGRAFO NÃO IDENTIFICADO. RETRATO DE PULCHÉRIA
MARIA DA CONCEIÇÃO. [S.L., S.D.] COLEÇÃO PARTICULAR.
UNIDENTIFIED PHOTOGRAPHER. PORTRAIT OF PULCHÉRIA
MARIA DA CONCEIÇÃO. [N.P., N.D.] PRIVATE COLLECTION.

FOTÓGRAFO NÃO IDENTIFICADO. RETRATO DE
EUGÊNIA ANA DOS SANTOS (MÃE ANINHA). [S.L., S.D.]
COLEÇÃO PARTICULAR.
UNIDENTIFIED PHOTOGRAPHER. PORTRAIT OF
EUGÊNIA ANA DOS SANTOS (MÃE ANINHA). [N.P., N.D.]
PRIVATE COLLECTION.

FOTÓGRAFO NÃO IDENTIFICADO. RETRATO DE MARIA JULIA DA CONCEIÇÃO NAZARÉ. [S.L., S.D.] COLEÇÃO PARTICULAR.

UNIDENTIFIED PHOTOGRAPHER. PORTRAIT OF MARIA JULIA DA CONCEIÇÃO NAZARÉ. [N.P., N.D.] PRIVATE COLLECTION.

FOTÓGRAFO NÃO IDENTIFICADO. RETRATO DE
MAXIMIANA MARIA DA CONCEIÇÃO (TIA MASSI). [S.L., S.D.]
COLEÇÃO PARTICULAR.

UNIDENTIFIED PHOTOGRAPHER. PORTRAIT OF
MAXIMIANA MARIA DA CONCEIÇÃO (TIA MASSI). [N.P., N.D.]
PRIVATE COLLECTION.

FOTÓGRAFO NÃO IDENTIFICADO. RETRATO
DE L. CREOULA. BAHIA [S.D.]. COLEÇÃO PARTICULAR.
UNIDENTIFIED PHOTOGRAPHER. PORTRAIT
OF L. CREOULA. BAHIA, BRAZIL [N.D.]. PRIVATE COLLECTION.

FOTÓGRAFO NÃO IDENTIFICADO. RETRATO
DE MÃE SENHORA. [S.L., S.D.] COLEÇÃO PARTICULAR.
UNIDENTIFIED PHOTOGRAPHER. PORTRAIT
OF MÃE SENHORA. [N.P., N.D.] PRIVATE COLLECTION.

MAUREEN BISILLIAT. *IRMANDADE DE N. S. DA BOA MORTE*. CACHOEIRA/BA [S.D.]. COLEÇÃO PARTICULAR.

MAUREEN BISILLIAT. *IRMANDADE DE N. S. DA BOA MORTE* [SISTERHOOD OF OUR LADY OF GOOD DEATH]. CACHOEIRA, BAHIA [N.D.]. PRIVATE COLLECTION.

MARIA ESCOLÁSTICA DA CONCEIÇÃO NAZARÉ, CONHECIDA COMO MÃE MENININHA DO GANTOIS (SALVADOR, BAHIA, 10 FEV. 1894-13 AGO. 1986).

MARIA ESCOLÁSTICA DA CONCEIÇÃO NAZARÉ, KNOWN AS MÃE MENININHA DO GANTOIS (SALVADOR, BAHIA, 10 FEB. 1894-13 AUG. 1986).

UMA JOALHERIA EXUBERANTE

Ana Passos

Entre 1740 e 1820, o Brasil foi o maior produtor mundial de ouro, diamantes e gemas coradas. Essa produção deu origem a uma ourivesaria das mais exuberantes já criadas. O encontro de muitas culturas, em especial na Bahia — que abrigou a primeira capital desta colônia portuguesa, que se tornou sede da metrópole e, mais tarde, de um império —, fez florescer uma joalheria usada por mulheres negras, escravizadas e forras, que refletia a riqueza produzida aqui e o desejo de sua ostentação: as joias de crioula.

Esse fluxo de materiais preciosos também fez surgir uma joalheria destinada à população de origem portuguesa instalada na região. Realizada dos dois lados do Atlântico, a joalheria com diamantes, crisoberilos e topázios imperiais serviu para adornar homens e mulheres que tentavam reproduzir nos trópicos o fausto das cortes europeias. A religiosidade também contribuiu para o aparecimento de peças muito elaboradas e ricas de joalheria devocional.

Esta é uma história conhecida e disponível apenas através de exemplares expostos em alguns poucos museus espalhados pelo país, dos quais podemos destacar: o Museu Carlos Costa Pinto, em Salvador; o Museu Imperial, em Petrópolis; e o Museu Afro Brasil, em São Paulo.

O conjunto de joias apresentado neste livro traça um retrato abrangente dessa produção joalheira, que podia ser observada nas mulheres baianas, pelos salões, igrejas e ruas de São Salvador da Baía de Todos os Santos, nos séculos XVIII e XIX. São pouco mais de trezentas peças em ouro e prata, entre joias de crioula, devocionais, com gemas e de outras procedências europeias que por aqui circulavam. Em comum, revelam um desejo de distinção numa sociedade com divisões ora muito rígidas ora bastante fluidas, bem como um desejo de embelezamento em meio a uma paisagem exuberante e a condições urbanas precárias.

Um pouco da memória de um dos períodos mais intrigantes da história brasileira pode ser vislumbrado por meio das peças aqui apresentadas. Essas joias, que são simultaneamente adorno, expressão de religiosidade, símbolo de pertencimento e reserva de valor, nos levam a imaginar suas circunstâncias de fabricação e uso, a vida de quem as produziu e de quem as portou. Elas nos fascinam e seduzem, ontem e hoje.

Contudo, trazer a público tão expressivo conjunto de joias dos séculos XVIII e XIX envolve alguns desafios.

A maioria das peças se encontra dispersa em coleções particulares. Parte substancial da produção da época desapareceu nas passagens de geração a geração, devido ao enorme valor intrínseco de metais e gemas que as constituem. Espólios, partilhas, vendas, roubos, penhora e até mesmo remodelações dilapidaram esse patrimônio. O que chega até nós foi aquilo que se preservou dessas circunstâncias e que contou com o atencioso, e muitas vezes dispendioso, zelo de pessoas apaixonadas por joias e por nossa história.

Na história da joalheria brasileira, temos pouca informação documental sobre a ourivesaria do período colonial e da maior parte do Império. Há, atualmente, esforços acadêmicos que buscam preencher algumas dessas lacunas. Entretanto, parte delas foi intencional. Leis que visavam o controle do uso dos metais nobres pela população brasileira e, ao mesmo tempo, protegiam a produção de ourives, prateiros e cunhadores de moedas — profissionais liberais de origem portuguesa e, mais tarde, também inglesa — fizeram com que uma grande parcela de joias fosse produzida na clandestinidade e que não se guardassem informações referentes a autoria, local, data ou teor dos metais, ao contrário do que se observava em Portugal desde o final do século XVII e em outras regiões da Europa desde o século XIV, onde contrastadores, ensaiadores e ourives punham sua marca nas peças.

Isso apenas acrescenta mais preciosidade ao que agora nos é oferecido: a possibilidade de apreciarmos joias que sobreviveram intactas ou que pelo menos guardam muito de seu aspecto original. Com elas, podemos apenas imaginar os tesouros desaparecidos e as histórias em torno da produção e do consumo de joias na época em que foram criadas.

JOIAS DE CRIOULA

As joias de crioula se caracterizam por fortes laços com a cultura das nações africanas que compuseram a população escravizada na Bahia, em especial de origem axânti, da região do Golfo da Guiné. Há uma grande proximidade com a ourivesaria popular portuguesa, que por sua vez bebeu em fontes do Oriente Médio, da África e da Ásia. Seu uso foi extensivo entre mulheres negras escravizadas ou forras na Bahia e no Recôncavo, difundindo-se, mais tarde, pelo que é hoje a região Sudeste. No Brasil, durante os séculos XVIII e XIX, a abundante circulação de ouro, clandestina ou não, tornou-o a matéria-prima mais frequente desses artigos, que eram usados não apenas como adornos, mas também como sinais de distinção social e forma de acumulação de recursos por aquelas que trabalhavam diretamente na casa de seus senhores ou no comércio de rua.

    A quase totalidade das peças é feita em ouro, com variação de teor e tonalidade. São empregadas técnicas diversas, dominadas por africanos e europeus: forja, cinzelamento, repuxado, gravação, fundição e filigrana. A predominância de inspirações vindas da flora é perceptível. A figura humana aparece na forma de indígenas, brancos e personagens da realeza, mas raramente na representação de negros. As joias são grandes e chamativas e, por suas dimensões, diferenciam-se das usadas pelas mulheres brancas; porém, são mais leves, já que feitas de chapas e fios mais finos — portanto, menos onerosas. No mais, as joias falam pouco da condição da mulher escravizada. Brincos curtos e longos, anéis vistosos, colares de bolas e peças da religiosidade católica não se relacionam com suas variadas origens e condição de existência. As exceções são as pulseiras, rígidas ou flexíveis, normalmente usadas aos pares, lembrando algemas, e os colares com elos grandes como grilhões.

    Não há balangandãs entre as peças reunidas, apenas por acaso. No entanto, na última parte, há alguns exemplares da permanência dessas peças entre as mulheres baianas, ao longo do século XX, num arranjo que muito se assemelha ao colecionismo por trás das pulseiras de berloques, também representadas, mas que ainda traz algumas das características e dos objetos que os compunham.

    Essas joias são genuinamente brasileiras. Sua beleza é inigualável. Uma combinação única de talentos e desejos, na Bahia, deu origem a uma joalheria que não encontra equivalente em nenhuma outra parte.

    A maioria das joias de crioula apresentadas é do século XIX, exceto quando indicado na legenda.

JOIAS DEVOCIONAIS

As joias devocionais expressam nossa relação com o sagrado. Elas indicam pertencimento a um grupo religioso ou simbolizam a individualidade das crenças em amuletos e talismãs. Em ambos os casos, trata-se de proteção, pois portamos a joia próxima ao corpo. Não deixa de ser vaidade também, já que parte das peças que apresentamos são adornos de grande beleza e execução primorosa, que combinam a alegria da exuberância e a contrição frente à Paixão de Cristo.

     O conjunto de pingentes de Nossa Senhora da Conceição reflete uma devoção que atravessou o oceano Atlântico e fez os baianos adotarem como sua a padroeira de Portugal. Devoção esta que se expressa todo ano, no dia 8 de dezembro, numa grande festa popular.

     Os crucifixos merecem ser observados em detalhe. Há pequenas imagens de Nossa Senhora, estilizadas decorações para falar da Santíssima Trindade nos arremates dos crucifixos e símbolos da Paixão gravados em seu verso — coroa de espinhos, cravos, martelos, lanças e outros mais. Em muitos casos, são também relicários, que, tanto aqueles com visor transparente quanto os fechados, servem para guardar relíquias que podem ser religiosas ou apenas recordações afetivas. Uma das peças fechadas ainda contém uma relíquia em seu interior.

JOIAS COM CRISOBERILOS, DIAMANTES E OUTRAS GEMAS

Desde meados do século XVIII, diamantes, topázios, crisoberilos, quartzos, berilos, granadas e turmalinas são explorados em nosso território. Mesmo contando com estudos de mineralogia desde essa época — José Bonifácio de Andrada e Silva, durante seus estudos em Paris, publicou em 1792 uma "Memória sobre os diamantes do Brasil"[1] —, a essas gemas foram comumente conferidas várias nomenclaturas: crisólitas, minas novas, rubis brasileiros e esmeraldas brasileiras.

Os diamantes da região de Diamantina e do Vale do Jequitinhonha, em Minas Gerais, ganharam o mercado mundial no século XVIII. Mais tarde, foi a vez da região da Chapada Diamantina, na Bahia, já no século XIX. O topázio imperial foi achado na segunda metade do século XVIII onde hoje se encontra Ouro Preto, novamente em Minas Gerais, mas o minério só recebeu esse nome em 1881, em homenagem a dom Pedro II.

As joias com crisoberilos são disputadas por aqueles que apreciam a joalheria. Eles foram abundantemente utilizados em substituição ao caríssimo diamante e também porque seu brilho luminoso e sua dureza são ideais para trabalhos de ourivesaria. Com cores que variam entre verde, verde-amarelo e amarelo, podendo também ser quase transparente, ele trouxe cor e luz à joalheria da época.

Voltando aos diamantes, eles se apresentam nas joias desse conjunto nas mais variadas formas, desde pequenas lascas até lapidações avançadas para a época. Em todas elas, é seu brilho extraordinário que nos chama atenção.

---

[1] Andrada e Silva, José Bonifácio de. "Mémoire sur les diamants du Brésil". *Annales de Chimie*, v. XV, 1792, pp. 82-8. O estudo, que conferiu ao autor sua admissão na Sociedade de História Natural de Paris, foi traduzido para o inglês e publicado, em 1797, no londrino *Journal of Natural, Philosophy, Chemistry and the Arts*, v. I, com o título "An Account of the Diamonds of Brazil".

OUTRAS JOIAS

Além das joias produzidas no Brasil e em Portugal, uma série de outras peças de diferentes procedências circulavam na região. Um retrato das joias na Bahia dos séculos XVIII e XIX não poderia deixar de lado esses achados. Eles refletem a circulação global de mercadorias e conceitos estéticos no período de consolidação dos grandes impérios ocidentais. Falam de modas e costumes. Lembram-nos de como os tesouros familiares eram amealhados e mostram como joias são passadas de geração a geração. Eles nos dão indicações de como circulavam as peças de joalheria. Há broches *en tremblant* franceses, coral italiano, filigrana portuguesa, *peineta* espanhola e desenho inglês dos períodos georgiano e vitoriano. Muitas dessas peças combinam desenho e tradição dos continentes europeu, africano, asiático e americano, o que só foi possível graças a intensas trocas culturais.

REFERÊNCIAS BIBLIOGRÁFICAS

PUBLICAÇÕES

D'OREY, Leonor. *Cinco séculos de joalharia: Museu Nacional de Arte Antiga*. Lisboa: Instituto Português de Museus, 1995.

GODOY, Solange de Sampaio. *Círculo das contas: joias de crioulas baianas*. Salvador: Fundação Museu Carlos Costa Pinto, 2006.

MUSEU DO TRAJE E DO TÊXTIL. Salvador: Fundação Instituto Feminino da Bahia, 2003. 80p.

PHILLIPS, Clare. *Jewels & Jewellery*. Londres: V&A Press, 2008.

PINACOTECA DO ESTADO DE SÃO PAULO. *O que é que a baiana tem: ourivesaria do Museu Carlos Costa Pinto — Salvador*. São Paulo, 2006. 92p.

SCARISBRICK, Diana. *Brilliant Impressions: An Exhibition on Antiques Paste and Other Jewellery*. Londres: S. J. Phillips, 2010. 113p.

SOUSA, Gonçalo de Vasconcelos e. *A joalharia em Portugal: 1750-1825*. Porto: Civilização, 1999.

_____. *Coleção de joias do Museu dos Biscainhos*. Porto: Universidade Católica Editora, 2011.

ACERVOS ONLINE

British Museum, Londres:
http://www.britishmuseum.org/
Casa-Museu Medeiros de Almeida, Lisboa:
http://www.casa-museumedeirosealmeida.pt/
Metropolitan Museum, Nova York:
http://www.metmuseum.org
Museu Afro Brasil, São Paulo:
http://www.museuafrobrasil.org.br/
Museu Carlos Costa Pinto, Salvador:
http://www.museucostapinto.com.br/capa.asp
Musée des Arts Decoratifs, Paris:
http://www.lesartsdecoratifs.fr/
Museu dos Biscainhos, Braga:
http://museus.bragadigital.pt/Biscainhos/
Museu da Ourivesaria Tradicional:
http://www.museudaourivesaria.com/museudaourivesaria.html
Museu do Traje e do Têxtil, Salvador:
http://www.institutofeminino.org.br/museu_do_traje_e_do_textil/
Musée du Louvre, Paris:
http://www.louvre.fr/accueil
Museu Imperial, Petrópolis:
http://www.museuimperial.gov.br/
Victoria & Albert Museum, Londres:
https://www.vam.ac.uk/collections/jewellery

AUTOR DESCONHECIDO. PAPELEIRA. JACARANDÁ E PRATA DOURADA, 150 × 80 × 128 CM. BAHIA, SÉC. XVIII. PARA ALÉM DOS MÉRITOS DE CONCEPÇÃO, CONSTRUÇÃO E BELEZA DECORATIVA, ESTA PAPELEIRA SINGULARIZA-SE PELO TRABALHO DE TALHA QUE RECOBRE A PARTE FRONTAL DO MÓVEL, VALORIZADA NO EMPREGO DO RARO JACARANDÁ DE TONALIDADES AVERMELHADAS. QUATRO GAVETÕES LEVEMENTE ONDULADOS E DECORADOS COM ELEMENTOS *ROCAILLE*, ALÉM DAS PILASTRAS ENTALHADAS EM FORMA DE CONSOLA, APOIADAS EM LARGOS PÉS EM VOLUTAS ENROLADAS. BELOS PUXADORES E ESPELHOS DAS FECHADURAS EM BRONZE, RECORTADOS E VAZADOS. TAMPO DA PAPELEIRA EXIBINDO A FINURA DOS ELEMENTOS ENTALHADOS, QUE SE ESTENDEM NAS LATERAIS DO MÓVEL. EM SEU INTERIOR — DENOMINADO DE FÁBRICA — OBSERVA-SE A RIQUEZA DE DETALHES QUE, ALÉM DOS ESCANINHOS E GAVETA, OFERECE A SEGURANÇA DE UM ENGENHOSO "COFRE", ESCONDIDO NUM FUNDO FALSO DE UM PEQUENO COMPARTIMENTO COM PORTA DECORADA, OU POR DETRÁS DAS GAVETAS.

UNKNOWN AUTHOR. PAPER CABINET. ROSEWOOD AND GILDED SILVER, 150 × 80 × 128 CM. BAHIA, 18TH CENTURY. IN ADDITION TO THE MERITS REGARDING ITS DESIGN, CONSTRUCTION AND DECORATIVE BEAUTY, THIS PAPER CABINET STANDS OUT FOR THE CARVING WORK THAT COVERS THE FRONT OF THE PIECE, ENHANCED BY THE USE OF RARE ROSEWOOD IN REDDISH TONES. FOUR SLIGHTLY UNDULATING DRAWERS DECORATED WITH ROCOCO ELEMENTS, IN ADDITION TO THE CARVED CONSOLE-SHAPED PILASTERS, SUPPORTED ON WIDE FEET IN ROLLED VOLUTES. BEAUTIFUL HANDLES AND PLAQUES OF THE LOCKS IN BRONZE, CUT AND PIERCED. THE TOP OF THE CABINET SHOWS THE FINENESS OF THE CARVED ELEMENTS, WHICH EXTEND TO THE SIDES OF THE PIECE. INSIDE— SO-CALLED FROM FACTORY—ONE CAN SEE THE RICHNESS OF DETAILS THAT, IN ADDITION TO THE PIGEONHOLES AND DRAWER, OFFERS THE SECURITY OF AN INGENIOUS "SAFE", HIDDEN IN A FALSE BOTTOM OF A SMALL COMPARTMENT WITH A DECORATED DOOR, OR BEHIND THE DRAWERS.

BROCHE E PINGENTE EM OURO COM OS OLHOS
DE SANTA LUZIA E TRÊS PENDENTES EM FORMA DE POMBA
QUE REPRESENTAM O DIVINO ESPÍRITO SANTO.
BROOCH AND PENDANT IN GOLD WITH SAINT LUCY'S
EYES AND THREE DOVE-SHAPED PENDANTS REPRESENTING
THE HOLY SPIRIT.

PULSEIRA COM CRISOBERILOS LAPIDAÇÃO OLD EUROPEAN EM OURO E PRATA, COM MOTIVOS FITOMÓRFICOS ESTILIZADOS. SEGUNDA METADE DO SÉCULO XIX.

BRACELET WITH OLD EUROPEAN CUT CHRYSOBERYLS IN GOLD AND SILVER, WITH STYLIZED PHYTOMORPHIC MOTIF. SECOND HALF OF THE 19TH CENTURY.

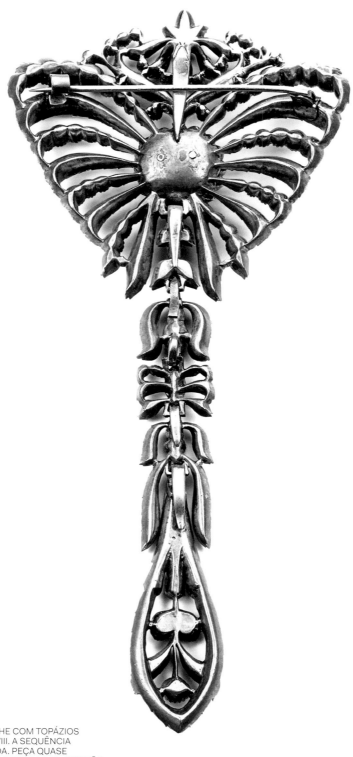

IMPRESSIONANTE PINGENTE E BROCHE COM TOPÁZIOS INCOLORES EM PRATA DO SÉCULO XVIII. A SEQUÊNCIA DE LAÇOS É TOTALMENTE ARTICULADA. PEÇA QUASE IDÊNTICA ENCONTRA-SE NA CASA — MUSEU MARTA ORTIGÃO SAMPAIO E PODE SER APRECIADA NO LIVRO *A JOALHARIA EM PORTUGAL — 1750-1825* (P.91, LÂMINA 101).

STUNNING PENDANT AND BROOCH WITH COLORLESS TOPAZ IN SILVER FROM THE 18TH CENTURY. THE SEQUENCE OF BOWS IS FULLY ARTICULATED. AN ALMOST IDENTICAL PIECE IS IN THE CASA-MUSEU MARTA ORTIGÃO SAMPAIO AND CAN BE APPRECIATED IN THE BOOK *A JOALHARIA EM PORTUGAL: 1750-1825* (P.91, PLATE 101).

TIARA COM CORAIS ITALIANOS MONTADOS EM METAL E TÊXTIL, DOS ANOS 1840-50. GUARDA SEMELHANÇA COM TIARA INGLESA PERTENCENTE AO ACERVO DO VICTORIA & ALBERT MUSEUM, EM LONDRES.

TIARA MOUNTED IN METAL AND TEXTILE WITH ITALIAN CORALS, FROM 1840-50S. IT IS SIMILAR TO AN ENGLISH TIARA FROM THE VICTORIA & ALBERT MUSEUM COLLECTION, IN LONDON.

EXUBERANCE IN JEWELLERY

Ana Passos

Between 1740 and 1820, Brazil was the world's largest producer of gold, diamonds and precious and semi-precious stones. This production gave rise to some of the most exuberant goldsmithery ever created. The meeting of cultures, especially in Bahia—which was home to the first capital of the Portuguese colony, later the headquarters of the metropolitan kingdom and then of the Portuguese Empire—, led to the creation of a jewellery worn and flaunted by Black women, slaves or freed: creole jewellery.

       This supply of precious materials also gave rise to jewellery created for the population of Portuguese origin in the region. Produced on both sides of the Atlantic, jewels with diamonds, chrysoberyls and imperial topazes adorned both men and women attempting to reproduce the grandeur of the European courts in the tropics. Religion also contributed to the creation of extremely elaborate and rich pieces of devotional jewellery.

       This history is only discoverable through pieces exhibited in a small number of museums nationally: the Carlos Costa Pinto Museum in Salvador, the Imperial Museum in Petrópolis, and the Afro Brasil Museum in São Paulo.

       The collection of jewellery depicted in this book is a comprehensive portrait of the kind of jewellery worn by women from Bahia, in the salons, churches and streets of São Salvador da Baía de Todos os Santos in the 18th and 19th centuries. There are just over 300 pieces in gold and silver, including *creole* jewellery, devotional pieces, jewellery with gemstones, and other pieces of European origin. In common, they all show a desire to stand out in a society filled with divisions more or less strict according to the circumstances, and a desire for adornment in the midst of verdant landscapes and precarious urban conditions.

       Part of the events of one of the most intriguing periods in Brazilian history can be glimpsed through the pieces here on show.

This jewellery, which is simultaneously adornment, religious expression, and a symbol of belonging and wealth, conjures up the circumstances of its creation and use, and the lives of those who made them and of those who wore them. These pieces have always fascinated and seduced us.

There are, however, certain challenges in bringing such a significant set of 18th and 19th century jewellery to the public.

Most of these articles are scattered throughout different private collections. Much has disappeared over the passage from one generation to the next due to the intrinsic value of metals and gems involved. Estates, shared inheritance, sales, theft, pawning, and even recasting have reduced this heritage. Therefore, what remains has been saved from these circumstances and is down to the careful, and often costly, zeal of people who value our jewellery and our history.

Despite current academic efforts that seek to fill some of these gaps, the history of Brazilian jewellery has little documentary information about goldsmithing in the colonial and imperial era. However, some of these gaps are intentional. Legislation aimed at controlling the use of precious metals by the Brazilian population and protecting Portuguese—and later English—production by goldsmiths, silversmiths and minters meant that a large amount of jewellery ended up being clandestinely produced. Therefore, in contrast to what occurred in Portugal from the end of the 17th century and in other European regions after the 14th century, where hallmarkers, assayers and goldsmiths stamped their marks on the pieces, these ones offer little information about their makers, provenance, date or alloys.

This only increases the tenuousness of what we are now presented with: the chance to appreciate jewellery that has survived intact or that at least retains much of its original appearance. This jewellery gives us the opportunity to imagine the missing treasures and stories surrounding the production and consumption of jewellery in their time.

CREOLE JEWELLERY

Creole jewellery is characterised by its strong ties with the culture of the African nations that made up the enslaved population in Bahia, particularly those of Asante origin, from the Guinea coast. There is a clear likeness with popular Portuguese jewellery, which was influenced by the Middle-Eastern, African and Asian styles. The pieces were frequently worn by slaves and freed Black women in Bahia and the Recôncavo, and then later spread to the Brazilian southeast. The abundance of gold in 18th and 19th centuries in Brazil, whether clandestine or not, made it the material most commonly used. The jewellery was used for adornment, as a sign of social hierarchy, and also as a form of savings for those working as domestic servants and nursemaids, or for those selling their wares on the streets.

Almost all the pieces are made of gold with varying alloys and shades, and they use a variety of techniques previously mastered by both Africans and Europeans: forging, chiseling, *repoussée*, engraving, casting and filigree. The predominance of inspiration from nature is clear, and human figures appear as indigenous peoples, white people and royalty, but rarely black people. The jewellery is big and flashy. It differs from the jewellery worn by white women in their size, but they are lighter, since they are made of thinner and therefore less expensive sheets and threads. In addition, this jewellery says little about enslaved condition. Short and long earrings, showy rings, bead necklaces and Catholic pieces bear little relation to their varied origins and state of existence. The exceptions are the rigid or flexible bracelets normally worn in pairs and which resemble handcuffs and necklaces with large links like shackles.

The pieces on show do not include any *balangandãs*, but this is not a deliberate omission. However, the final section has some examples of the permanence of these pieces among women from Bahia throughout the 20th century, in a style that is similar to the idea of collecting charms for bracelets, which are also represented, and which still conserve some of the characteristics and objects that compose them.

This jewellery is genuinely Brazilian. Its beauty is unparalleled. It is this unique combination of talent and desire in Bahia that gave rise to a form of jewellery that cannot be found anywhere else.

The majority of creole jewellery here is from the 19th century, except when otherwise indicated.

DEVOTIONAL JEWELLERY

Devotional jewellery expresses one's relationship with the sacred. It can indicate belonging to a religious group, or can symbolise individual beliefs in amulets and talismans. In either case, it represents a form of protection, as jewellery is worn close to the body. It also represents vanity, as most of the pieces shown here are exquisitely beautiful adornments that combine joy, exuberance, and repentance.

The set of pendants of Our Lady of the Conception reflects a devotion that crossed the Atlantic Ocean and sparked the people from Bahia to adopt the patron saint of Portugal as their own. On 18th December every year, this devotion is renewed in a widely celebrated popular festival.

The crucifixes deserve particular attention as on their backs are small images of Our Lady, stylised decorations that represent the Holy Trinity, crosses and symbols of the Passion engraved on the back—crowns of thorns, carnations, hammers, spears and other elements. In many cases, they are also reliquaries.

Reliquaries, both transparent and sealed, are designed to hold relics that are either religious or are simply tokens of affection. One of the sealed pieces still contains a relic inside.

JEWELS WITH CHRYSOBERYLS, DIAMONDS, AND OTHER BRAZILIAN STONES

Since the mid-18th century, diamonds, topazes, chrysoberyls, quartz, beryls, garnets, and tourmalines have been mined in Brazil. Even though there have been mineralogical studies since—the politician José Bonifácio de Andrada e Silva, while studying in Paris, wrote in 1792 "An Account of the Diamonds of Brazil"[1]—several names, not always accurate, were used for these stones: chrysolites, new mines, Brazilian rubies and Brazilian emeralds.

Diamonds from the Diamantina and Jequitinhonha Valley region in Minas Gerais were those most procured by the world market in the 18th century. Later, the title went to those from the region of Chapada Diamantina, Bahia, in the 19th century. The imperial topaz (which was only given this name in 1881, in honour of the emperor of Brazil, Dom Pedro II) was found in the second half of the 18th century, in the area that currently corresponds to the city of Ouro Preto, also in Minas Gerais.

The pieces with chrysoberyls are much fought over by jewellery connoisseurs. They have been used extensively to substitute very expensive diamonds, as their gleam and luminosity are ideal for goldsmithing. With a spectrum that ranges from green, yellowish-green and yellow, and sometimes almost colourless, this gem brought colour and light to the jewellery of the period.

Returning to diamonds, these can be seen here in this collection in a wide variety of forms, from tiny chips to the most advanced stone cuts of the time. However, it is their extraordinary brilliance that catches our attention.

---

1. Andrada e Silva, José Bonifácio de. "Mémoire sur les diamonds du Brésil". *Annales de Chimie*, v. XV, 1792, pp. 82-88. This study, which provided the author his admission to the Société d'Histoire Naturelle de Paris, was translated into English and published in 1797 in the Londoner *Journal of Natural, Philosophy, Chemistry and the Arts*, v. I, with the title "An Account of the Diamonds of Brazil".

OTHER JEWELLERY

In addition to the jewellery produced in Brazil and in Portugal, there were a number of other pieces from different origins in the region. As such, in a portrait of jewellery in Bahia of the 18th and 19th centuries, one cannot ignore them as they reflect the global circulation of commodities and aesthetic concepts in the period of consolidation of the great Western empires. They represent fashion and manners. They remind us how the family inheritances are amassed and show how jewellery has been passed down from generation to generation. They give us a sense of how jewellery circulated between people. They include French *en tremblant* brooches, Italian coral, Portuguese filigree, Spanish *peinetas* and English designs from the Georgian and Victorian periods. Many of these pieces combine the design and traditions of the European, African, Asian and American continents which have only been made possible through extraordinary cultural exchanges.

REFERENCES

PUBLICATIONS

D'OREY, Leonor. *Cinco séculos de joalharia: Museu Nacional de Arte Antiga*. Lisbon: Instituto Português de Museus, 1995.

GODOY, Solange de Sampaio. *Círculo das contas: joias de crioulas baianas*. Salvador: Fundação Museu Carlos Costa Pinto, 2006.

MUSEU DO TRAJE E DO TÊXTIL. Salvador: Fundação Instituto Feminino da Bahia, 2003. 80p.

PHILLIPS, Clare. *Jewels & Jewellery*. London: V&A Press, 2008.

PINACOTECA DO ESTADO DE SÃO PAULO. *O que é que a baiana tem: ourivesaria do Museu Carlos Costa Pinto — Salvador*. São Paulo, 2006. 92p.

SCARISBRICK, Diana. *Brilliant Impressions: An Exhibition on Antiques Paste and Other Jewellery*. London: S. J. Phillips, 2010. 113p.

SOUSA, Gonçalo de Vasconcelos e. *A joalharia em Portugal: 1750-1825*. Porto: Civilização, 1999.

_____. *Coleção de joias do Museu de Biscainhos*. Porto: Universidade Católica Editora, 2011.

ONLINE COLLECTIONS

British Museum, London:
http://www.britishmuseum.org/

Casa-Museu Medeiros de Almeida, Lisbon:
http://www.casa-museumedeirosealmeida.pt/

Metropolitan Museum, New York:
http://www.metmuseum.org

Museu Afro Brasil, São Paulo:
http://www.museuafrobrasil.org.br/

Museu Carlos Costa Pinto, Salvador:
http://www.museucostapinto.com.br/capa.asp

Musée des Arts Decoratifs, Paris:
http://www.lesartsdecoratifs.fr/

Museu dos Biscainhos, Braga:
http://museus.bragadigital.pt/Biscainhos/

Museu da Ourivesaria Tradicional:
http://www.museudaourivesaria.com/museudaourivesaria.html

Museu do Traje e do Têxtil, Salvador:
http://www.institutofeminino.org.br/museu_do_traje_e_do_textil/

Musée du Louvre, Paris:
http://www.louvre.fr/accueil

Museu Imperial, Petrópolis:
http://www.museuimperial.gov.br/

Victoria & Albert Museum, London:
https://www.vam.ac.uk/collections/jewellery

FOTÓGRAFO DESCONHECIDO. *RETRATO DE DONA FLORINDA*. SALVADOR, [S.D.]. ACERVO DO INSTITUTO FEMININO DA BAHIA.

UNKNOWN PHOTOGRAPHER. *RETRATO DE DONA FLORINDA* [PORTRAIT OF DONA FLORINDA]. SALVADOR, [N.D.]. COLLECTION OF INSTITUTO FEMININO DA BAHIA.

p. 119
p. 181
p. 91
p. 105
p. 142
p. 61
p. 67
p. 101
p. 125
p. 191
p. 191

pp. 68-69

p. 55

p. 192

JOIAS NA BAHIA NOS SÉCULOS XVIII E XIX

JEWELLERY IN BAHIA IN THE 18TH AND 19TH CENTURIES

PAR DE GRANDES PULSEIRAS DE COPO EM OURO REPUXADO E CINZELADO COM FLORES, FOLHAS, MEDALHÃO COM EFÍGIE FEMININA E DETALHES EM FILIGRANA.

PAIR OF LARGE CUFF BRACELETS IN *REPOUSSÉE* AND CHISELED GOLD WITH FLOWERS, LEAVES, MEDALLION WITH FEMININE EFFIGY AND FILIGREE DETAILS.

JOIAS
DE BAIANAS
BAIANAS' JEWELLERY

PULSEIRA DE COPO EM OURO ESTAMPADO COM FLORES E FOLHAS.
CUFF BRACELET IN GOLD WITH STAMPED FLOWERS AND LEAVES.

PULSEIRAS DE COPO EM OURO REPUXADO E CINZELADO COM FLORES, FOLHAS, MEDALHÃO COM EFÍGIE E DETALHES EM FILIGRANA. PULSEIRA MUITO SEMELHANTE PODE SER ENCONTRADA NO MUSEU COSTA PINTO EM SALVADOR, BAHIA.

CUFF BRACELETS IN *REPOUSSÉE* AND CHISELED GOLD WITH FLOWERS, LEAVES, MEDALLION WITH EFFIGY AND FILIGREE DETAILS. VERY SIMILAR BRACELET CAN BE FOUND AT COSTA PINTO MUSEUM IN SALVADOR, BAHIA.

PÁGINAS SEGUINTES:

AS PULSEIRAS DE PLACA, TAMBÉM CHAMADAS DE PULSEIRAS DE ESTEIRA, FREQUENTEMENTE APRESENTAM ENTREMEIOS CILÍNDRICOS QUE, QUANDO OCOS, SERVIAM PARA GUARDAR ERVAS DE CHEIRO, COM INTUITO DE PROTEÇÃO. JÁ OS CILINDROS DE CORAL TERIAM O PODER DE AFASTAR FEITIÇOS E ENCANTAMENTOS, CRENÇA DISSEMINADA DESDE A ANTIGUIDADE CLÁSSICA EM TODO O MEDITERRÂNEO.

PLAQUE BRACELETS, ALSO CALLED MAT BRACELETS, OFTEN FEATURE CYLINDRICAL HOLLOW PARTS THAT WERE USED TO STORE SCENTED HERBS FOR PROTECTION. CORAL CYLINDERS WOULD HAVE THE POWER TO PROTECT AGAINST SPELLS AND ENCHANTMENTS, A BELIEF THAT HAS BEEN WIDESPREAD SINCE ANCIENT TIMES THROUGHOUT THE MEDITERRANEAN.

PULSEIRA DE PLACAS COM EXCELENTE TRABALHO DE FILIGRANA EM OURO, COMBINANDO ROSETA COM GEMA INCOLOR CENTRAL EM PRATA E PLACAS COM CILINDROS DE CORAL. TRABALHO SEMELHANTE PODE SER OBSERVANDO EM PULSEIRA PERTENCENTE AO ACERVO DO MUSEU COSTA PINTO EM SALVADOR, BAHIA.

PLAQUE BRACELET WITH EXCELLENT GOLD FILIGREE WORK, COMBINING ROSETTE WITH CENTRAL COLORLESS GEM IN SILVER AND PLAQUES WITH CORAL CYLINDERS. SIMILAR WORK CAN BE OBSERVED ON A BRACELET BELONGING TO THE COSTA PINTO MUSEUM COLLECTION IN SALVADOR, BAHIA.

RARO CONJUNTO DE SEIS PULSEIRAS DE PLACA EM OURO COM QUADRIFÓLIO CENTRAL E CILINDROS. APRESENTAM PEQUENAS DIFERENÇAS DE EXECUÇÃO NATURAIS AO TRABALHO ARTESANAL.

FOLLOWING SPREAD:
RARE SET OF SIX PLAQUE BRACELETS IN GOLD WITH CENTRAL QUADRIFOLIO AND CYLINDERS. THEY PRESENT SMALL DIFFERENCES OF EXECUTION NATURAL TO HANDCRAFTED WORK.

PÁGINAS ANTERIORES/PREVIOUS PAGES:

MAGNÍFICA PULSEIRA DE PLACAS EM OURO COM ROSETAS E CILINDROS TRABALHADOS EM FILIGRANA. GEMAS CENTRAIS EM PASTA DE VIDRO NAS CORES DAS ESMERALDAS E TURMALINAS ROSA ACENTUAM A BELEZA DA PEÇA.

MAGNIFICENT PLAQUE BRACELET IN GOLD WITH ROSETTES AND CYLINDERS IN FILIGREE. THE CENTRAL GEMS ARE MADE OF GLASS PASTE IN THE COLORS OF EMERALDS AND PINK TOURMALINES AND THEY ACCENTUATE THE BEAUTY OF THE PIECE.

PAR DE PULSEIRAS DE COPO EM EXCEPCIONAL TRABALHO DE FILIGRANA EM OURO, COMBINANDO ROSETAS E PLACAS COM PERFIL FEMININO.

PAIR OF CUFF BRACELETS IN EXCEPTIONAL GOLD FILIGREE WORK, COMBINING ROSETTES AND PLAQUES WITH A FEMININE PROFILE.

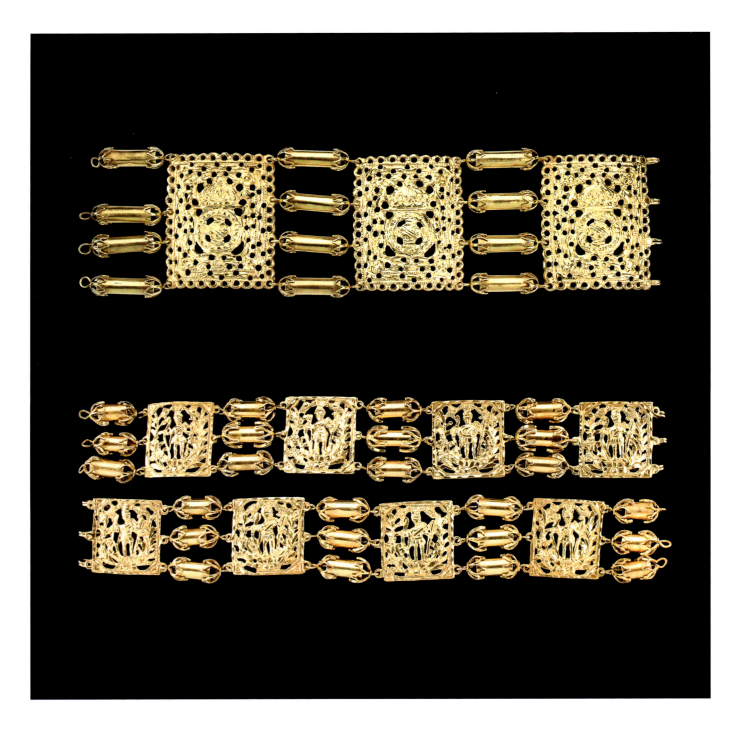

PULSEIRA DE PLACA EM OURO COM ESCUDO DE ARMAS
DO BRASIL IMPÉRIO (1822-1889) E CILINDROS.
PLAQUE BRACELET IN GOLD WITH COAT OF ARMS
OF THE BRAZILIAN EMPIRE (1822-1889) AND CYLINDERS.

PAR DE PULSEIRAS DE PLACA EM OURO COM FIGURA
CENTRAL DE INDÍGENA E CILINDROS.
PAIR OF PLAQUE BRACELETS IN GOLD WITH CENTRAL FIGURE
OF AN INDIGENOUS AN INDIGENOUS FIGURE AND CYLINDERS.

PAR DE PULSEIRAS DE PLACAS EM OURO COM
FIGURA FEMININA INDÍGENA E CILINDROS.
PAIR OF PLAQUE BRACELETS IN GOLD WITH FEMALE
BRAZILIAN INDIGENOUS FIGURE AND CYLINDERS.

PAR DE PULSEIRAS DE PLACAS EM OURO COM FIGURA
CENTRAL DE OXÓSSI E CILINDROS.
PAIR OF PLAQUE BRACELETS IN GOLD WITH OXÓSSI
FIGURE AND CYLINDERS.

PULSEIRA DE PLACAS EM OURO COM MOTIVOS
FLORAIS E CILINDROS.
PLAQUE BRACELET IN GOLD WITH FLORAL MOTIFS
AND CYLINDERS.

PULSEIRA DE PLACAS EM OURO COM MOTIVOS
FITOMÓRFICOS E CILINDROS.
PLAQUE BRACELET IN GOLD WITH PHYTOMORPHIC
MOTIFS AND CYLINDERS.

PULSEIRA DE PLACAS EM OURO COM FORMA ELÍPTICA
CENTRAL E CILINDROS.
PLAQUE BRACELET IN GOLD WITH ELLIPTICAL FORM
AND CYLINDERS.

PAR DE PULSEIRAS DE PLACAS EM OURO COM
QUADRIFÓLIO CENTRAL E CILINDROS.
PAIR OF PLAQUE BRACELETS IN GOLD WITH CENTRAL
QUADRIFOLIO AND CYLINDERS.

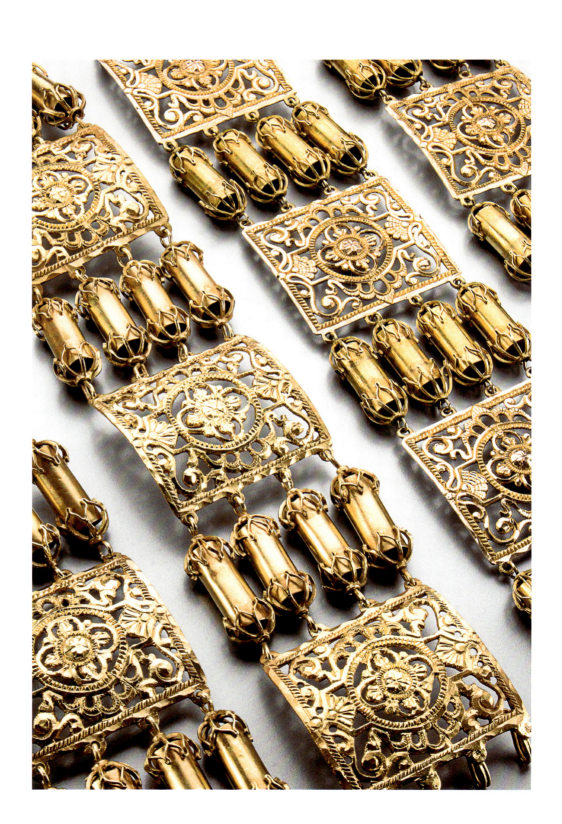

PULSEIRAS DE PLACAS EM OURO COM QUADRIFÓLIO CENTRAL E CILINDROS COM CORAIS.
PLAQUE BRACELETS IN GOLD WITH CENTRAL QUADRIFOLIO AND CORAL CYLINDERS.

PULSEIRA DE PLACAS EM OURO COM A EFÍGIE DE D. JOÃO VI, REI DO REINO UNIDO DE PORTUGAL, BRASIL E ALGARVES ENTRE 1816 E 1822, E CILINDROS COM CORAIS.
PLAQUE BRACELET IN GOLD WITH THE EFFIGY OF D. JOÃO VI, KING OF THE UNITED KINGDOM OF PORTUGAL, BRAZIL AND ALGARVES BETWEEN 1816 AND 1822, AND CORAL CYLINDERS.

PULSEIRA DE PLACAS EM OURO COM FORMA ELÍPTICA CENTRAL E CILINDROS COM CORAIS.
PLAQUE BRACELET IN GOLD WITH ELLIPTICAL FORM AND CORAL CYLINDERS.

PULSEIRA COM PEQUENAS PLACAS REDONDAS EM OURO E CILINDROS DE CORAL.
BRACELET WITH SMALL ROUND PLAQUES IN GOLD AND CORAL CYLINDERS.

CORRENTÃO EM OURO COM ALIANÇAS LISAS E ESTAMPADAS COM MOTIVOS FLORAIS DO QUAL PENDE UMA PEÇA DE FOLHAS E FLORES QUE SUSTENTA ROSETA COM GEMA CENTRAL EM PASTA DE VIDRO INCOLOR.

CHAIN IN GOLD WITH SMOOTH AND STAMPED LINKS WITH FLORAL MOTIFS FROM WHICH HANGS A PIECE OF LEAVES AND FLOWERS THAT HOLDS A ROSETTE WITH A CENTRAL COLORLESS GLASS PASTE GEM.

COLAR COM PEQUENAS ESFERAS LISAS E BOLOTAS DECORADAS, COM UM DIVINO ESPÍRITO SANTO E ROSETA COM PASTA DE VIDRO VERMELHA NUMA EXTREMIDADE E, NA OUTRA, UMA ROSETA COM PASTA DE VIDRO INCOLOR COM CRUZ CILÍNDRICA.

NECKLACE WITH SMOOTH AND ORNATE SPHERE BEADS WITH A DIVINE HOLY SPIRIT AND ROSETTE WITH RED GLASS PASTE AT ONE END AND AT THE OTHER A ROSETTE WITH COLORLESS GLASS PASTE AND CYLINDRICAL CROSS.

COLAR EM OURO COM PEQUENAS ESFERAS LISAS
E BOLOTAS CONFEITADAS, COM UM DIVINO
ESPÍRITO SANTO E ROSETA NUMA EXTREMIDADE E,
NA OUTRA, UMA ROSETA COM CRUZ CILÍNDRICA.
AMBAS AS ROSETAS APRESENTAM GEMA CENTRAL
EM PASTA DE VIDRO INCOLOR.
NECKLACE IN GOLD WITH SMOOTH AND ORNATE
SPHERE BEADS WITH A DIVINE HOLY SPIRIT AND
ROSETTE AT ONE END AND AT THE OTHER A ROSETTE
WITH CYLINDRICAL CROSS. BOTH ROSETTES FEATURE
A CENTRAL GEM IN A COLORLESS GLASS PASTE.

PÁGINAS SEGUINTES:
COLAR TODO COM BOLOTAS DECORADAS,
COM ROSETA COM PASTA DE VIDRO VERMELHA
(EM SEU VERSO, UM DIVINO) E CRUZ CILÍNDRICA NUMA
EXTREMIDADE E, NA OUTRA, UM DIVINO ESPÍRITO
SANTO COM ROSETA COM PASTA DE VIDRO AZUL.
NEXT SPREAD:
NECKLACE WITH ORNATE SPHERE BEADS ONLY
WITH A ROSETTE WITH RED GLASS PASTE (ON THE BACK
ANOTHER HOLY SPIRIT) AND CYLINDRICAL CROSS
AT ONE END AND A DIVINE HOLY SPIRIT AND ROSETTE
WITH BLUE GLASS PASTE AT THE OTHER.

COLAR EM OURO COM PEQUENAS ESFERAS LISAS E BOLOTAS CONFEITADAS, COM UM DIVINO ESPÍRITO SANTO E ROSETA COM OPALINA AZUL FRANCESA NUMA EXTREMIDADE E, NA OUTRA, UMA ROSETA COM PASTA DE VIDRO INCOLOR E CRUCIFIXO RADIOSO E DIAMANTADO.
NECKLACE IN GOLD WITH SMOOTH AND ORNATE SPHERE BEADS WITH A DIVINE HOLY SPIRIT AND ROSETTE WITH FRENCH *OPALINE BLEUE* AT ONE END AND AT THE OTHER A ROSETTE WITH COLORLESS GLASS PASTE AND RADIANT CRUCIFIX.

CORRENTÃO EM OURO COM ALIANÇAS LISAS E ESTAMPADAS COM MOTIVOS FLORAIS DO QUAL PENDE UM RELICÁRIO DE FILIGRANA TAMBÉM EM OURO COM PASTA DE VIDRO AZUL, APRESENTANDO UMA MARCA ILEGÍVEL. RELICÁRIO MUITO SIMILAR PODE SER VISTO NO ACERVO DO MUSEU DA OURIVESARIA TRADICIONAL EM VIANA DO CASTELO, PORTUGAL.

CHAIN IN GOLD WITH SMOOTH LINKS AND STAMPED ONES WITH FLORAL MOTIFS FROM WHICH HANGS A FILIGREE RELIQUARY ALSO IN GOLD WITH SMALL BLUE GLASS PASTE, PRESENTING AN ILLEGIBLE MARK. A VERY SIMILAR RELIQUARY CAN BE SEEN IN THE COLLECTION OF THE MUSEUM OF TRADITIONAL JEWELLERY IN VIANA DO CASTELO, PORTUGAL.

BROCHE E PINGENTE EM OURO COM OS OLHOS
DE SANTA LUZIA E TRÊS PENDENTES EM FORMA DE POMBA
QUE REPRESENTAM O DIVINO ESPÍRITO SANTO.

BROOCH AND PENDANT IN GOLD WITH SAINT LUCY'S EYES
AND THREE DOVE-SHAPED PENDANTS REPRESENTING
THE HOLY SPIRIT.

CORRENTÃO EM OURO E MEDALHÃO COM A FIGURA
DE UMA INDÍGENA.

CHAIN AND MEDALLION WITH FEMALE INDIGENOUS
FIGURE IN GOLD.

CORRENTÃO EM OURO COM ALIANÇAS LISAS E ESTAMPADAS COM ESTRELAS DE SEIS PONTAS DO QUAL PENDE UM IMPRESSIONANTE PINGENTE QUE COMBINA DOIS LAÇOS COM PASTA DE VIDRO VERMELHA CENTRAL, UMA CRUZ E UM INTRINCADO FUSO EM TÉCNICA MISTA.

CHAIN IN GOLD WITH SMOOTH LINKS AND STAMPED ONES WITH SIX-POINTED STARS FROM WHICH HANGS AN IMPRESSIVE PENDANT THAT COMBINES TWO BOWS WITH CENTRAL RED GLASS PASTE, A CROSS AND AN INTRICATE SPINDLE IN MIXED TECHNIQUE.

ANÉIS DE CRIOULA, DE CIMA PARA BAIXO:
ANEL COM DETALHE CENTRAL COM GEMAS VERMELHAS EM PRATA,
POSSIVELMENTE RUBIS, E MOTIVOS FITOMÓRFICOS EM OURO.
ANEL COM DETALHE CENTRAL COM DIAMANTES EM PRATA
E MOTIVOS FITOMÓRFICOS EM OURO. SÉCULO XVIII.
ALIANÇA COM MOTIVOS FITOMÓRFICOS EM OURO. SÉCULO XVIII.
ALIANÇA COM MOTIVOS FITOMÓRFICOS EM OURO. SÉCULO XVIII.

CREOLE RINGS, FROM TOP TO BOTTOM:
RING WITH CENTRAL DETAIL WITH RED GEMS, PROBABLY RUBIES,
IN SILVER AND PHYTOMORPHIC MOTIFS IN GOLD.
RING WITH CENTRAL DETAIL WITH DIAMONDS IN SILVER AND
PHYTOMORPHIC MOTIFS IN GOLD. 18TH CENTURY.
RING WITH PHYTOMORPHIC MOTIFS IN GOLD. 18TH CENTURY.
RING WITH PHYTOMORPHIC MOTIFS IN GOLD. 18TH CENTURY.

CORRENTÃO EM OURO COM ALIANÇAS FILIGRANADAS E LISAS.
CHAIN IN GOLD WITH FILIGREE AND SMOOTH LINKS.

CORRENTÃO EM OURO COM ALIANÇAS ESTAMPADAS COM LISTRAS E LISAS COM FECHO CILÍNDRICO.
CHAIN IN GOLD WITH STRIPED AND SMOOTH LINKS WITH A CYLINDER CLASP.

CORRENTÃO EM OURO COM ALIANÇAS LISAS ENTRELAÇADAS E ALIANÇAS FILIGRANADAS TAMBÉM ENTRELAÇADAS.
CHAIN IN GOLD WITH SMOOTH INTERLACED LINKS AND FILIGREE INTERLACED ONES.

ELABORADO CORRENTÃO COM ALIANÇAS FILIGRANADAS EM OURO.
DELICATE CHAIN WITH FILIGREE LINKS IN GOLD.

PAR DE PENTES EM METAL COM PLACA DE OURO
DECORADA COM MOTIVOS FLORAIS ESTAMPADOS.
PAIR OF METAL COMBS WITH GOLD PLAQUE
DECORATED WITH METAL STAMPING FLORAL MOTIFS.

PENTE EM METAL COM PLACA DE OURO DECORADA
COM CORAÇÃO CENTRAL E FLORES, UTILIZANDO
TÉCNICAS DE REPUXO E CINZELADO.
COMB IN METAL WITH GOLD PLAQUE DECORATED WITH
REPOUSSÉ AND CHISELED HEART AND FLOWER MOTIFS.

111

PENTE EM METAL COM PLACA DE OURO DECORADA
COM MOTIVOS FLORAIS CINZELADOS.
COMB IN METAL WITH GOLD PLAQUE DECORATED
WITH CHISELED FLORAL MOTIFS.

PENTE EM METAL COM PLACA DE OURO DECORADA
COM FOLHAGENS, UTILIZANDO TÉCNICAS DE REPUXO
E CINZELADO.
COMB IN METAL WITH GOLD PLAQUE DECORATED
WITH *REPOUSSÉE* AND CHISELED FOLIAGE MOTIFS.

BRINCOS COM BOTÃO E FUSO OCOS EM OURO REPUXADO
E CINZELADO COM MOTIVOS FITOMÓRFICOS. SÉCULO XIX.
EARRINGS WITH HOLLOW BUTTON AND SPINDLE
IN *REPOUSSÉE* AND CHISELED GOLD WITH PHYTOMORPHIC
MOTIFS. 19TH CENTURY.

BRINCOS COM BOTÃO E FUSO OCOS EM OURO
REPUXADO E CINZELADO COM MOTIVOS FITOMÓRFICOS.
APRESENTA MARCA ILEGÍVEL. SÉCULOS XVIII-XIX.
EARRINGS WITH HOLLOW BUTTON AND SPINDLE IN
REPOUSSÉE AND CHISELED GOLD WITH PHYTOMORPHIC
MOTIFS. IT PRESENTS AN ILLEGIBLE MARK.
18TH-19TH CENTURY.

BRINCOS COM BOTÃO E FUSO OCOS EM OURO
REPUXADO E CINZELADO COM MOTIVOS FITOMÓRFICOS.
APRESENTA MARCA ILEGÍVEL. SÉCULOS XVIII-XIX.
EARRINGS WITH HOLLOW BUTTON AND SPINDLE IN
REPOUSSÉE AND CHISELED GOLD WITH PHYTOMORPHIC
MOTIFS. IT PRESENTS AN ILLEGIBLE MARK.
18TH-19TH CENTURY.

BRINCOS AO REI, COM BOTÃO, LAÇO E PENDENTE EM OURO COM DIAMANTES FACETADOS. APRESENTA MARCA ILEGÍVEL. SÉCULO XIX.
EARRINGS *AO REI* IN GOLD, WITH BUTTON, BOW AND PENDANT WITH FACETED DIAMONDS. IT PRESENTS AN ILLEGIBLE MARK. 19TH CENTURY.

BRINCOS EM OURO COM PASTA DE VIDRO AZUL.
GOLD EARRINGS WITH BLUE GLASS PASTE.

BRINCOS EM OURO COM PASTA DE VIDRO NAS
CORES AZUL E LARANJA.
GOLD EARRINGS WITH BLUE AND ORANGE PASTE.

BRINCOS EM OURO COM CORAL LAPIDAÇÃO PITANGA.
EARRINGS IN GOLD WITH FLUTED CORAL.

BRINCOS EM OURO COM BOTÃO E PENDENTE EM FUSO.
EARRINGS WITH BUTTON AND SPINDLE PENDANT IN GOLD.

BRINCOS EM OURO COM BOTÃO E PINGENTE OCOS, REPUXADOS E CINZELADOS COM MOTIVOS DE ROSAS E UM SAGRADO CORAÇÃO DE MARIA, QUE PODEM SER USADOS COM OU SEM O PINGENTE.
EARRINGS IN GOLD WITH HOLLOW BUTTON AND PENDANT *REPOUSSÉE* AND CHISELED WITH ROSE MOTIFS AND A SACRED HEART OF MARY THAT CAN BE USED WITH OR WITHOUT THE PENDANT.

BRINCOS AO REI COM BOTÃO, LAÇO E PINGENTE EM OURO COM ACABAMENTO DIAMANTADO.
EARRINGS *AO REI* WITH BUTTON, BOW AND PENDANT. IN GOLD WITH DIAMOND FINISH.

BRINCOS AO REI COM BOTÃO, LAÇO E PINGENTE EM OURO COM ACABAMENTO DIAMANTADO.
EARRINGS *AO REI* WITH BUTTON, BOW AND PENDANT IN GOLD WITH DIAMOND FINISH.

TRÊS CORRENTÕES EM PRATA DOURADA COM ALIANÇAS LISAS E ESTAMPADAS, DOIS DELES ENTRELAÇADOS E UM SIMPLES, MEDINDO POUCO MAIS DE 1 M CADA. PEÇAS SEMELHANTES ESTÃO EXPOSTAS NO MUSEU DO TRAJE E DO TÊXTIL DE SALVADOR, BAHIA.

THREE CHAINS IN GILDED SILVER WITH SMOOTH AND STAMPED LINKS, TWO OF THEM WITH INTERLACED LINKS AND THE OTHER WITH SIMPLE ONES. THE THREE OF THEM MEASURING JUST OVER ONE METER EACH. SIMILAR PIECES ARE EXHIBITED IN THE COSTUME AND TEXTILE MUSEUM OF SALVADOR, BAHIA.

ANEL DE CRIOULA COM MOTIVOS DE FOLHAGEM EM OURO.
CREOLE RING WITH FOLIAGE MOTIFS IN GOLD.

ANEL DE CRIOULA COM PEQUENO RELICÁRIO CENTRAL EM OURO.
CREOLE RING WITH SMALL CENTRAL RELIQUARY IN GOLD.

ANÉIS DE CRIOULA, DE CIMA PARA BAIXO:
ALIANÇA COM MOTIVOS FITOMÓRFICOS EM OURO.
SÉCULO XVIII.
ALIANÇA COM DETALHE CENTRAL COM DIAMANTES EM PRATA E MOTIVOS FITOMÓRFICOS EM OURO.
SÉCULO XVIII.
ALIANÇA COM MOTIVOS FITOMÓRFICOS EM OURO.
SÉCULO XVIII.

CREOLE RINGS, FROM TOP BOTTOM:
RING WITH PHYTOMORPHIC MOTIFS IN GOLD.
18TH CENTURY.
RING WITH CENTRAL DETAIL WITH DIAMONDS IN SILVER AND PHYTOMORPHIC MOTIFS IN GOLD.
18TH CENTURY.
RING WITH PHYTOMORPHIC MOTIFS IN GOLD.
18TH CENTURY.

FIGAS DE CORAL EM OURO. O SIGNIFICADO DA FIGA COMO UM AMULETO DE PROTEÇÃO TEM SUA ORIGEM NA ROMA ANTIGA E, COMBINADO COM O CORAL DE COR VERMELHA, ERA USADO PARA ATRAIR A SORTE. JÁ À FIGA DE COR NEGRA ERA ATRIBUÍDO O PODER DE AFASTAR O MAU-OLHADO, E À DE COR VERDE, GARANTIR A BOA SAÚDE.

FIGAS IN CORAL AND GOLD. THE FIGA AS A PROTECTIVE AMULET HAS ITS ORIGIN IN ANCIENT ROME. THE RED ONES WERE USED TO ATTRACT LUCK, THE BLACK ONES WERE SUPPOSED TO REMOVE THE EVIL EYE AND THE GREEN ONES WERE USED TO GUARANTEE GOOD HEALTH TO ITS OWNER.

RARO CONJUNTO DE QUATRO LONGAS CORRENTES EM OURO COM MARCAS DE CONTRASTE, COM ELOS PORTUGUESES E ELOS EM LANTEJOULA (OU LENTEJOULA). SEUS COMPRIMENTOS VARIAM ENTRE 1,20 E 2,32 METROS. SÉCULOS XVIII E XIX.

RARE SET OF FOUR LONG GOLD CHAINS WITH CONTRAST MARKS, THEY HAVE PORTUGUESE LINKS AND SEQUIN LINKS. THEIR LENGTHS VARY BETWEEN 1.20 AND 2.32 METERS. 18TH AND 19TH CENTURIES.

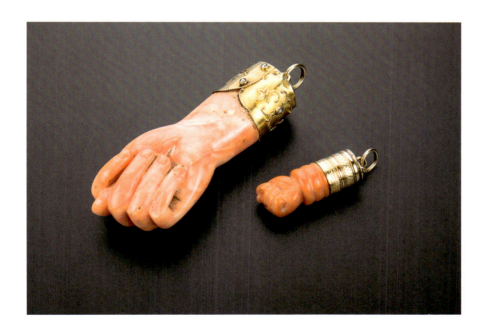

CONJUNTO DE PULSEIRA, BRINCOS E CRUZ EM OURO COM
ESFERAS E *RONDELLES* LISOS DE CORAL. SÉCULOS XVIII-XIX.
SET OF BRACELET, EARRINGS AND CROSS IN GOLD WITH
SPHERICAL AND *RONDELLE* CORAL BEADS. 18TH-19TH CENTURIES.

DOIS PARES DE BRINCOS E TRÊS COLARES EM OURO
COM CILINDROS EM CORAL E DETALHES EM FILIGRANA.
TWO PAIRS OF EARRINGS AND THREE NECKLACES
IN GOLD WITH CORAL CYLINDERS AND FILIGREE DETAILS.

COLAR EM OURO COM CILINDROS EM CORAL.
NECKLACE IN GOLD WITH CORAL CYLINDERS.

PAR DE PULSEIRAS E PINGENTE EM OURO E CORAL.
PAIR OF BRACELETS AND PENDANT IN GOLD AND CORAL.

PULSEIRA EM OURO COM CILINDROS DE CORAL
E DE OURO E FECHO DE FILIGRANA.

BRACELET IN GOLD WITH CORAL AND GOLD CYLINDERS
AND FILIGREE CLASP.

COLAR EM OURO COM CILINDROS EM CORAL.
NECKLACE IN GOLD WITH CORAL CYLINDERS.

CRUZES CILÍNDRICAS OU OCTOGONAIS EM OURO OU PRATA DOURADA COMPUNHAM FREQUENTEMENTE AS JOIAS DE CRIOULAS USADAS NO COTIDIANO. PEÇAS SEMELHANTES PODEM SER ENCONTRADAS NO ACERVO DO MUSEU DO TRAJE E DO TÊXTIL DE SALVADOR, BAHIA. SÉCULOS XVIII-XIX.
CYLINDRICAL OR OCTAGONAL CROSSES IN GOLD OR GILDED SILVER OFTEN MADE UP THE EVERYDAY CREOLE JEWELS. SIMILAR PIECES CAN BE FOUND IN THE COLLECTION OF THE MUSEU DO TRAJE E DO TÊXTIL DE SALVADOR [COSTUME AND TEXTILE MUSEUM OF SALVADOR], BAHIA. 18TH-19TH CENTURIES.

BROCHE EM FILIGRANA DE OURO. NO VERSO, DECORAÇÃO BURILADA. SÉCULO XIX.
BROOCH IN GOLD FILIGREE. ON THE BACK, ENGRAVED DECORATION. 19TH CENTURY.

COLAR COMPOSTO DE BOLAS LISAS E CONFEITADAS COM FECHO-GAVETA EM FORMA CILÍNDRICA EM OURO. O CRUCIFIXO RADIOSO TAMBÉM EM OURO TEM ACABAMENTO DIAMANTADO. SÉCULO XVIII.

NECKLACE COMPOSED OF SMOOTH AND ORNATE SPHERES WITH CYLINDRICAL CLASP IN GOLD. THE RADIANT CRUCIFIX ALSO IN GOLD PRESENTES THE DIAMANTADO FINISHING. 18TH CENTURY.

ROSÁRIO EM OURO COM CONTAS LISAS E DUAS BOLOTAS CONFEITADAS. APRESENTA LAÇO COM PEDRARIA AMARELA E VERMELHA (NO VERSO) NO ALTO DE CRUZ RADIOSA. OS ARREMATES TRAZEM NAS LATERAIS FLORES-DE-LIS E NA PARTE INFERIOR UM CORAÇÃO. SÉCULO XVIII.

ROSARY IN GOLD WITH SMOOTH BEADS AND TWO BIGGER ORNATE SPHERES. THERE IS A LACE WITH CENTRAL YELLOW AND RED PASTE (ON THE BACK) ON THE TOP OF A RADIANT CROSS. ON THE EDGES OF THE CROSS BAR THERE ARE STYLIZED *FLEUR-DE-LIS* AND ON THE LOWER PART THERE IS A HEART. 18TH CENTURY.

JOIAS VOTIVAS
DEVOTIONAL JEWELLERY

CRUCIFIXO RADIOSO EM OURO COM ARREMATES EM FLOR-DE-LIS ESTILIZADA, QUE SIMBOLIZA A SANTÍSSIMA TRINDADE. A DECORAÇÃO DA PEÇA INCLUI ACABAMENTO DIAMANTADO. PEÇA SEMELHANTE PODE SER ENCONTRADA NO ACERVO DO MUSEU COSTA PINTO, EM SALVADOR, BAHIA. SÉCULO XVIII.

RADIANT CRUCIFIX IN GOLD WITH STYLIZED *FLEUR DE LIS*, SYMBOLIZING THE HOLY TRINITY. THE DECORATION OF THE PIECE INCLUDES *DIAMANTADO* FINISHING. A SIMILAR PIECE CAN BE FOUND IN THE COLLECTION OF THE COSTA PINTO MUSEUM IN SALVADOR, BAHIA. 18TH CENTURY.

PRECIOSO CRUCIFIXO EM OURO COM DIAMANTES,
ESMALTAÇÃO E ACABAMENTO DIAMANTADO.
AOS PÉS DO CRISTO, NOSSA SENHORA. SÉCULO XVIII.
PRECIOUS CRUCIFIX IN GOLD WITH DIAMONDS,
ENAMEL AND *DIAMANTADO* FINISHING. AT THE LOWER
PART OF THE CROSS, OUR LADY. 18TH CENTURY.

CRUCIFIXO EM OURO COM DIAMANTES LAPIDAÇÃO ROSA. SÉCULO XVIII.
CRUCIFIX IN GOLD WITH ROSE CUT DIAMONDS. 18TH CENTURY.

RARO CRUCIFIXO EM OURO COM DIAMANTES LAPIDAÇÃO ROSA. OS ARREMATES FLORAIS COM TRÊS PONTAS REPRESENTAM A SANTÍSSIMA TRINDADE. SÉCULO XVIII.

PRECIOUS CRUCIFIX IN GOLD WITH ROSE CUT DIAMONDS. AT THE EXTREMITIES STYLIZED FLOWERS SYMBOLIZE THE HOLY TRINITY. 18TH CENTURY.

ROSÁRIO COM QUARTZO EM OURO, APRESENTANDO CORAÇÃO CENTRAL E DETALHES EM FILIGRANA. PROVAVELMENTE FRANCÊS OU ESPANHOL, DO FINAL DO SÉCULO XVIII COM REMODELAÇÕES NO SÉCULO XIX.

ROSARY WITH QUARTZ IN GOLD, PRESENTING FILIGREE CENTRAL HEART AND DETAILS. PROBABLY OF FRENCH OR SPANISH ORIGIN, END OF THE 18TH CENTURY, REMODELED IN THE 19TH CENTURY.

BELÍSSIMA CRUZ EM OURO COM RICO TRABALHO VAZADO, APRESENTANDO DE UM LADO O CRISTO E DO OUTRO NOSSA SENHORA, AMBOS COM TRAÇOS DE ESMALTAÇÃO. ELA PENDE DE UM COLAR COM CONTAS OVAIS VAZADAS COM MOTIVOS FLORAIS OU FECHADAS E ESTRIADAS. SÉCULOS XVIII-XIX.

BEAUTIFUL CROSS IN GOLD WITH RICH OPENWORK,, PRESENTING ON ONE SIDE THE CHRIST AND ON THE OTHER OUR LADY, BOTH WITH TRACES OF ENAMELING. IT HANGS FROM A NECKLACE WITH OVAL BEADS, SOME IN OPENWORK, WITH FLORAL MOTIFS AND OTHERS CLOSED AND STRIATED. 18TH-19TH CENTURIES.

CONJUNTO DE PINGENTES COM DIFERENTES REPRESENTAÇÕES DE NOSSA SENHORA DA CONCEIÇÃO, PADROEIRA DA BAHIA E DE PORTUGAL. SÉCULOS XVIII E XIX.
SET OF PENDANTS WITH DIFFERENT REPRESENTATIONS OF OUR LADY OF THE CONCEPTION, PATRON SAINT OF BAHIA AND PORTUGAL. 18TH AND 19TH CENTURIES.

DOIS GRANDES PINGENTES OCOS DE NOSSA SENHORA DA CONCEIÇÃO, EM OURO REPUXADO E CINZELADO. SÉCULOS XVIII-XIX.
TWO LARGE HOLLOW PENDANTS OF OUR LADY OF THE CONCEPTION IN *REPOUSSÉE* AND CHISELED GOLD. 18TH-19TH CENTURIES.

CONJUNTO DE CRUCIFIXOS RADIOSOS EM OURO. SÉCULO XIX.
SET OF RADIANT CRUCIFIXES IN GOLD. 19TH CENTURY.

CONJUNTO DE CRUCIFIXOS EM OURO COM ACABAMENTO DIAMANTADO E ARREMATES TRIFÓLIOS. SÉCULOS XVIII E XIX.
SET OF CRUCIFIXES IN GOLD WITH *DIAMANTADO* FINISH AND TREFOIL ENDINGS. 18TH AND 19TH CENTURIES.

DETALHE DE CRUCIFIXO RADIOSO ONDE SE PERCEBE O TRABALHO DE DIAMANTADO: ALTO-RELEVO FACETADO QUE DÁ BRILHO INIGUALÁVEL ÀS PEÇAS, MESMO SEM A PRESENÇA DE GEMAS. COM NOSSA SENHORA DA CONCEIÇÃO AOS PÉS DO CRISTO. SÉCULO XVIII.
DETAIL OF A RADIANT CRUCIFIX DETAIL WHERE YOU CAN SEE THE *DIAMANTADO* WORK: FACETED ALTO-RELIEVO THAT GIVES UNMATCHED BRILLIANCE TO THE PIECES, EVEN WITHOUT THE PRESENCE OF GEMS. WITH OUR LADY OF CONCEPTION AT THE FEET OF CHRIST. 18TH CENTURY.

CRUCIFIXO RADIOSO EM OURO COM ARREMATES
EM ESPIRAL E TRÊS PÉTALAS, SIMBOLIZANDO A
SANTÍSSIMA TRINDADE, EM LONGA CORRENTE COM ELOS
PORTUGUESES. SÉCULO XVIII.
RADIANT CRUCIFIX IN GOLD WITH SPIRAL AND THREE
PETALS SYMBOLIZING THE HOLY TRINITY, WITH A LONG
PORTUGUESE STYLE CHAIN. 18TH CENTURY.

CRUCIFIXO RADIOSO EM OURO TERMINADO COM MEDALHÕES E COM NOSSA SENHORA LOGO ABAIXO DO CRISTO. SÉCULO XVIII.
RADIANT CRUCIFIX IN GOLD FINISHED WITH MEDALLIONS AND WITH OUR LADY JUST BELOW THE CHRIST. 18TH CENTURY.

OS CRUCIFIXOS TERMINADOS EM ARREMATES FLORIDOS (*CROIX FLEURIE*) DIVIDIDOS EM TRÊS PARTES REPRESENTAM A SANTÍSSIMA TRINDADE. SÉCULO XVIII.
THE CRUCIFIXES FINISHED IN FLOWERED STRINGS (*CROIX FLEURIE*) DIVIDED INTO THREE PARTS REPRESENT THE HOLY TRINITY. 18TH CENTURY.

CRUZ EM OURO COM AMETISTAS FACETADAS
E DECORAÇÃO GRAVADA. NO VERSO, A PARTE CENTRAL
APRESENTA PEQUENAS TURQUESAS. SÉCULO XIX.

CROSS IN GOLD WITH FACETED AMETHYSTS
AND ENGRAVED DECORATION. ON THE BACK, THE CENTRAL
PART FEATURES SMALL TURQUOISES. 19TH CENTURY.

CRUCIFIXO EM OURO COM ARREMATES EM FORMA DE PALMA. SÉCULO XIX.
CRUCIFIX IN GOLD WITH ENDINGS SHAPED AS PALM FRONDS. 19TH CENTURY.

RARO CRUCIFIXO EM OURO COM A CRUZ FORMANDO
OUTRA CRUZ EM SUA SEÇÃO TRANSVERSAL. SÉCULO XIX.
RARE CRUCIFIX IN GOLD WITH ITS CROSS SECTION
IN THE SHAPE OF A CROSS. 19TH CENTURY.

A MAIORIA DAS CRUZES ERA TAMBÉM UM RELICÁRIO E TRAZIA NO VERSO SÍMBOLOS DA PAIXÃO DE JESUS CRISTO GRAVADOS, COM FECHO EM PARAFUSO NO ARREMATE INFERIOR. SÉCULO XVIII.

MOST OF THE CROSSES WERE ALSO RELIQUARIES AND HAD ON THE BACK ENGRAVED SYMBOLS OF THE PASSION OF JESUS CHRIST, WITH A SCREW CLASP ON THE BOTTOM ENDING. 18TH CENTURY.

CRUZ EM OURO GRAVADO E CENTRO EM PRATA COM ESMALTAÇÃO AZUL E PEQUENO DIAMANTE. SÉCULO XIX.

TWO CROSSES IN ENGRAVED GOLD. THE FIRST WITH LACE AND THE SECOND WITH CENTER IN SILVER WITH BLUE ENAMEL AND SMALL DIAMOND. 19TH CENTURY.

CONJUNTO DE CRUCIFIXOS-RELICÁRIOS EM OURO NOS QUAIS O SANTO LENHO GANHA A FORMA TRIANGULAR E ELABORADOS ARREMATES. A MAIOR DELAS GUARDA TRAÇOS DE ESMALTAÇÃO E APRESENTA A MARCA "B", O QUE INDICA QUE TALVEZ TENHA SIDO REALIZADA EM BRAGA, PORTUGAL. SÉCULOS XVIII-XIX.

SET OF GOLD CRUCIFIXES-RELIQUARIES IN WHICH THE HOLY WOOD HAS A TRIANGULAR FORM AND ELABORATE FINISH. THE LARGEST OF THEM HAS TRACES OF ENAMEL AND HAS A "B" MARK, WHICH INDICATES THAT IT MAY HAVE BEEN MADE IN BRAGA, PORTUGAL. 18TH-19TH CENTURIES.

CONJUNTO DE RELICÁRIOS EM OURO COM DIFERENTES FORMATOS. SÉCULO XIX.
SET OF RELIQUARIES IN GOLD WITH DIFFERENT FORMATS. 19TH CENTURY.

CONJUNTO DE RELICÁRIOS EM OURO COM DETALHES GRAVADOS E EM FILIGRANA. SÉCULO XIX.
SET OF RELIQUARIES IN GOLD WITH ENGRAVED AND FILIGREE DETAILS. 19TH CENTURY.

RELICÁRIO EM OURO COMUMENTE CONHECIDO COMO "CASTANHA". SÉCULOS XVIII-XIX.
RELIQUARY IN GOLD KNOWN AS "CHESTNUT". 18-19TH CENTURIES.

TRÊS RELICÁRIOS PINGENTES — DO TIPO CASTANHA OU TREVO — EM OURO REPUXADO E CINZELADO, COM REPRESENTAÇÕES DE NOSSA SENHORA, SÃO JOSÉ COM O MENINO JESUS E UM OSTENSÓRIO. SÉCULO XVIII.

THREE RELIQUARY PENDANTS—FORMAT KNOWN AS CHESTNUT OR FOUR-LEAF CLOVER—IN *REPOUSSÉE* AND CHISELED GOLD, WITH REPRESENTATIONS OF OUR LADY OF THE CONCEPTION, SAINT JOSEPH WITH INFANT JESUS AND AN OSTENSORY. 18TH CENTURY.

GRANDE RELICÁRIO DE FILIGRANA COM PEQUENAS TURQUESAS EM OURO. NO CENTRO, CENA DA CRUCIFICAÇÃO. SÉCULO XIX.

LARGE FILIGREE RELIQUARY IN GOLD WITH SMALL TURQUOISES. IN THE CENTER, SCENE OF THE CRUCIFIXION. 19TH CENTURY.

RELICÁRIO PINGENTE EM OURO REPUXADO E CINZELADO. DE UM LADO, A FIGURA DE SANTO EXPEDITO; DO OUTRO, UM OSTENSÓRIO. SÉCULO XVIII.

RELIQUARY PENDANT IN *REPOUSSÉE* AND CHISELED GOLD. ON ONE SIDE IS THE FIGURE OF SAINT EXPEDITUS AND ON THE OTHER AN OSTENSORY. 18TH CENTURY.

RELICÁRIO PINGENTE EM OURO GRAVADO. DE UM LADO, APRESENTA UMA GUIRLANDA; DO OUTRO, UM OSTENSÓRIO. SÉCULOS XVIII-XIX.
DETALHE DO RELICÁRIO ABERTO, EXPONDO MOSAICO DE RELÍQUIAS DE SANTOS CATÓLICOS.

RELIQUARY PENDANT IN ENGRAVED GOLD. ON ONE SIDE THERE IS A FLORAL GARLAND AND, ON THE OTHER, AN OSTENSORY. 18TH-19TH CENTURIES.
DETAIL OF THE OPEN RELIQUARY, EXPOSING A MOSAIC OF RELICS OF CATHOLIC SAINTS.

CONJUNTO DE RELICÁRIOS EM OURO COM DIFERENTES FORMATOS. NO ALTO, ELES APRESENTAM VISORES DE VIDRO, OS DOIS CENTRAIS SÃO COMUMENTE CONHECIDOS COMO CASTANHAS E OS DEMAIS GANHAM DETALHES EM FILIGRANA OU DE DESENHOS BURILADOS. SÉCULOS XVIII-XIX.

SET OF RELIQUARIES IN GOLD WITH DIFFERENT FORMATS. AT THE TOP, THEY HAVE GLASS DISPLAYS, THE TWO CENTRAL ONES ARE COMMONLY KNOWN AS CHESTNUT AND THE OTHERS HAVE FILIGREE DETAILS AND ENGRAVED DRAWINGS. 18TH-19TH CENTURIES.

CONJUNTO DE RELICÁRIOS DEVOCIONAIS EM OURO, TAMBÉM CHAMADOS DE CUSTÓDIAS PELA PRESENÇA DO VISOR DE VIDRO, QUE FAZ LEMBRAR UM OSTENSÓRIO. SÉCULOS XVIII-XIX.

SET OF DEVOTIONAL RELIQUARIES IN GOLD, ALSO CALLED MONSTRANCE BY THE PRESENCE OF THE GLASS DISPLAY, WHICH RESEMBLES AN OSTENSORY. 18TH-19TH CENTURY.

DOIS ESCAPULÁRIOS DEVOCIONAIS EM OURO, COM NOSSA SENHORA DO CARMO E O ESCUDO DA ORDEM DO CARMO, QUE EXEMPLIFICAM AS DIFERENÇAS ENTRE A OURIVESARIA POPULAR E A ERUDITA COM SEUS ACABAMENTOS. SÉCULO XIX.

TWO DEVOTIONAL SCAPULARS IN GOLD WITH OUR LADY OF MOUNT CARMEL AND THE SHIELD OF THE CARMELITE ORDER, THAT EXEMPLIFY THE DIFFERENCES BETWEEN POPULAR AND SCHOLARLY GOLDSMITHING WITH THEIR FINISHING. 19TH CENTURY.

JOIAS COM CRISOBERILOS, DIAMANTES E OUTRAS GEMAS

JEWELLERY WITH CHRYSOBERYLS, DIAMONDS, AND OTHER BRAZILIAN STONES

PÁGINAS ANTERICRES/PREVIOUS PAGES:

GRANDE ANEL EM OURO COM ÁGUA-MARINHA FACETADA E GEMAS INCOLORES CRAVADAS EM PRATA. ANEL PARA LUVAS COM FIVELA PARA AJUSTE. SÉCULO XIX.
LARGE RING IN GOLD WITH FACETED AQUAMARINE AND COLORLESS GEMS SET IN SILVER. GLOVE RING ADJUSTABLE WITH BUCKLE. 19TH CENTURY.

ANEL DE CORONEL EM OURO COM DIAMANTES LAPIDAÇÃO *OLD EUROPEAN* EM CRAVAÇÃO FECHADA EM PRATA. O GROSSO ARO DO ANEL É DECORADO COM MOTIVO FLORAL. SÉCULO XVIII.
COLONEL RING IN GOLD WITH OLD EUROPEAN CUT DIAMONDS IN CLOSED SETTING IN SILVER. THE THICK RING SHANK IS DECORATED WITH FLORAL MOTIF. 18TH CENTURY.

ANÉIS EM OURO E PRATA: O PRIMEIRO, COM OPALINA AZUL FRANCESA E DIAMANTES LAPIDAÇÃO ROSA; O SEGUNDO, COM PASTA DE VIDRO ESCURA E CRISOBERILOS. FINAL DO SÉCULO XIX.
RINGS IN GOLD AND SILVER: THE FIRST WITH FRENCH BLUE OPALINE AND ROSE CUT DIAMONDS AND THE SECOND WITH DARK GLASS PASTE AND CHRYSOBERYLS. LATE 19TH CENTURY.

ANÉIS COM CITRINOS E DIAMANTES EM OURO E PRATA. MEADOS DO SÉCULO XIX.
RINGS WITH CITRINES AND DIAMONDS IN GOLD AND SILVER. MID-19TH CENTURY.

ANEL EM OURO COM DIAMANTE CENTRAL EM LAPIDAÇÃO PONTA E DIAMANTES LAPIDAÇÃO ROSA EM CRAVAÇÃO FECHADA EM PRATA. O ARO DO ANEL APRESENTA MOTIVO FITOMÓRFICO. SÉCULO XVIII.
RING IN GOLD WITH POINT AND ROSE CUT DIAMONDS IN CLOSED SETTING IN SILVER. THE RING SHANK PRESENTS A PHYTOMORPHIC MOTIF. 18TH CENTURY.

ANEL EM OURO COM DIAMANTES LAPIDAÇÃO ROSA EM CRAVAÇÃO FECHADA EM PRATA, COM MOTIVO FLORAL. O ARO DO ANEL É DECORADO COM VOLUTAS. SÉCULO XVIII.
RING IN GOLD WITH ROSE CUT DIAMONDS IN CLOSED SETTING IN SILVER WITH FLORAL MOTIF. THE RING SHANK IS DECORATED WITH SCROLLS. 18TH CENTURY.

ANEL EM OURO COM DIAMANTES LAPIDAÇÃO ROSA EM CRAVAÇÃO FECHADA EM PRATA, COM VOLUTAS. A BASE DO ANEL É UM ARO SIMPLES DIVIDIDO EM TRÊS. SÉCULO XIX.
RING IN GOLD WITH ROSE CUT DIAMONDS IN CLOSED SETTING IN SILVER WITH SCROLLS. THE RING SHANK IS A SIMPLE HOOP SPLIT IN THREE. 19TH CENTURY.

ANEL EM OURO COM DIAMANTES LAPIDAÇÃO ROSA EM CRAVAÇÃO FECHADA EM PRATA, COM MOTIVO FLORAL. A BASE DO ANEL É COMPOSTA DE UM ARO SIMPLES COM DUAS FLORES MENORES NAS LATERAIS. SÉCULO XIX.
RING IN GOLD WITH ROSE CUT DIAMONDS IN CLOSED SETTING IN SILVER WITH FLORAL MOTIF. THE RING SHANK IS A SIMPLE HOOP WITH SMALLER FLOWERY CLUSTERS ON BOTH SIDES. 19TH CENTURY.

GRANDE ANEL DE CORONEL EM OURO COM ÁGUA-MARINHA CENTRAL E CRISOBERILOS LAPIDAÇÃO *OLD MINE* EM CRAVAÇÃO FECHADA EM PRATA. O GROSSO ARO DO ANEL É DECORADO COM ARABESCOS. SÉCULO XVIII.
GRAND COLONEL RING IN GOLD WITH OLD MINE CUT CENTRAL AQUAMARINE AND CHRYSOBERYLS IN CLOSED SETTING IN SILVER. THE THICK RING SHANK IS DECORATED WITH ARABESQUES. 18TH CENTURY.

GRANDE ANEL DE CORONEL EM OURO COM DIAMANTES LAPIDAÇÃO *OLD MINE* E ROSA EM CRAVAÇÃO FECHADA EM PRATA. AS GEMAS DISPOSTAS EM CRUZ E XIS FORMAM UMA ESPÉCIE DE ROSA DOS VENTOS. A BASE DO ANEL ACOMPANHA TODO O CONTORNO DA PEÇA E O ARO TEM UM ORNATO EM TRELIÇA. SÉCULO XIX.
GRAND COLONEL RING IN GOLD WITH OLD MINE AND ROSE CUT DIAMONDS IN CLOSED SETTING IN SILVER. THE GEMS ARRANGED IN CROSS AND X CREATE A SORT OF WIND ROSE. THE BASE OF THE RING CONTOURS THE WHOLE OUTLINE OF THE PIECE AND THE THICK SHANK HAS AN ORNATE TRELLIS. 19TH CENTURY.

ANEL DE CORONEL EM OURO COM DIAMANTE CENTRAL LAPIDAÇÃO *OLD MINE* E PEQUENOS DIAMANTES LASCADOS EM CRAVAÇÃO FECHADA EM PRATA. O GROSSO ARO DO ANEL TEM MOTIVO FITOMÓRFICO. SÉCULO XVIII.
COLONEL RING IN GOLD WITH OLD MINE CUT CENTRAL DIAMOND AND SMALL-SIZED DIAMOND CHIPS IN CLOSED SETTING IN SILVER. THE THICK RING THICK SHANK IS ENGRAVED WITH PHYTOMORPHIC MOTIF. 18TH CENTURY.

ANEL DE CORONEL EM OURO COM DIAMANTES LAPIDAÇÃO *OLD MINE* E ROSA EM CRAVAÇÃO FECHADA EM PRATA. O GROSSO ARO DO ANEL TEM MOTIVOS GEOMÉTRICOS. MARCA ILEGÍVEL DE FABRICAÇÃO. SÉCULO XVIII.
COLONEL RING IN GOLD WITH OLD MINE AND ROSE CUT DIAMONDS IN CLOSED SETTING IN SILVER. THE THICK RING SHANK HAS GEOMETRIC MOTIF AND PRESENTS ILLEGIBLE MAKER'S MARK. 18TH CENTURY.

ANEL DE CORONEL EM OURO COM DIAMANTES LAPIDAÇÃO ROSA EM CRAVAÇÃO FECHADA EM PRATA. O GROSSO ARO DO ANEL TEM MOTIVOS GEOMÉTRICOS. SÉCULO XIX.
COLONEL RING IN GOLD WITH ROSE CUT DIAMONDS IN CLOSED SETTING IN SILVER. THE THICK RING SHANK HAS GEOMETRIC MOTIF. 19TH CENTURY.

ANEL DE CORONEL EM OURO COM DIAMANTES LAPIDAÇÃO *OLD MINE* E ROSA EM CRAVAÇÃO FECHADA EM PRATA. O GROSSO ARO DO ANEL É DECORADO COM ARABESCOS. SÉCULO XVIII.
COLONEL RING IN GOLD WITH OLD MINE AND ROSE CUT DIAMONDS IN CLOSED SETTING IN SILVER. THE THICK RING SHANK IS DECORATED WITH ARABESQUES. 18TH CENTURY.

ANEL DE CORONEL EM OURO COM DIAMANTES LAPIDAÇÃO ROSA EM CRAVAÇÃO FECHADA EM PRATA. O GROSSO ARO DO ANEL TEM MOTIVO FITOMÓRFICO. SÉCULO XVIII.
COLONEL RING IN GOLD WITH ROSE CUT DIAMONDS IN CLOSED SETTING IN SILVER. THE THICK RING SHANK HAS PHYTOMORPHIC MOTIF. 18TH CENTURY.

ANEL DE CORONEL EM OURO COM DIAMANTES LAPIDAÇÃO ROSA EM CRAVAÇÃO FECHADA EM PRATA. O GROSSO ARO DO ANEL APRESENTA ARABESCOS. SÉCULO XVIII.
COLONEL RING IN GOLD WITH ROSE CUT DIAMONDS CLOSE SET IN SILVER. THE THICK RING SHANK HAS ARABESQUES. 18TH CENTURY.

ANEL DE CORONEL EM OURO COM DIAMANTES LAPIDAÇÃO ROSA EM CRAVAÇÃO FECHADA EM PRATA. O GROSSO ARO DO ANEL TEM MOTIVO FITOMÓRFICO. SÉCULO XIX.
COLONEL RING IN GOLD WITH ROSE CUT DIAMONDS IN CLOSED SETTING IN SILVER. THE THICK SHANK HAS PHYTOMORPHIC MOTIF. 19TH CENTURY.

ANEL DE CORONEL EM OURO COM UM DIAMANTE LAPIDAÇÃO ROSA EM CRAVAÇÃO FECHADA EM PRATA. O GROSSO ARO DO ANEL TEM MOTIVO FITOMÓRFICO ESTILIZADO. SÉCULO XIX.
COLONEL RING IN GOLD WITH A ROSE CUT DIAMOND IN CLOSED SETTING IN SILVER. THE THICK SHANK HAS STYLIZED PHYTOMORPHIC MOTIF. 19TH CENTURY.

INTERESSANTE ANEL DE CORONEL COM D AMANTES LAPIDAÇÃO ROSA EM CRAVAÇÃO FECHADA EM PRATA E ESMALTE. O GROSSO ARO DO ANEL TRAZ O CAFEEIRO REPRESENTADO. SÉCULO XIX.
INTERESTING COLONEL RING WITH ROSE CUT DIAMONDS IN CLOSED SETTING IN SILVER AND ENAMEL. THE THICK SHANK IS DECORATED WITH COFFEE PLANT. 19TH CENTURY.

ANEL DE CORONEL EM OURO COM DIAMANTES LAPIDAÇÃO ROSA EM CRAVAÇÃO FECHADA EM PRATA. O GROSSO ARO DO ANEL TEM VIEIRA. SÉCULO XVIII.
COLONEL RING IN GOLD WITH ROSE CUT DIAMONDS IN CLOSED SETTING IN SILVER. THE THICK RING SHANK HAS ORNATE SCALLOP SHELL. 18TH CENTURY.

ANEL DE CORONEL EM OURO COM UM DIAMANTE LAPIDAÇÃO ROSA EM CRAVAÇÃO FECHADA EM PRATA. O GROSSO ARO DO ANEL TEM MOTIVO FITOMÓRFICO. SÉCULO XIX.
COLONEL RING IN GOLD WITH A ROSE CUT DIAMOND IN CLOSED SETTING IN SILVER. THE THICK SHANK HAS PHYTOMORPHIC MOTIF. 19TH CENTURY.

ANEL DE CORONEL EM OURO COM DIAMANTE CENTRAL LAPIDAÇÃO *OLD MINE* E PEQUENOS DIAMANTES LASCADOS EM CRAVAÇÃO FECHADA EM PRATA. O GROSSO ARO DO ANEL TEM MOTIVO FITOMÓRFICO. SÉCULO XIX.
COLONEL RING IN GOLD WITH OLD MINE CUT CENTRAL DIAMOND AND SMALL-SIZED DIAMOND CHIPS IN CLOSED SETTING IN SILVER. THE THICK RING SHANK IS ENGRAVED WITH PHYTOMORPHIC MOTIF. 19TH CENTURY.

ANEL DE CORONEL EM OURO E PRATA COM PEQUENO PAVÊ DE DIAMANTES ELEVADO EM GRIFAS EM OURO. O GROSSO ARO DO ANEL TEM MOTIVO FITOMÓRFICO QUE LEMBRA O CAFEEIRO. SÉCULO XIX.
COLONEL RING IN GOLD AND SILVER WITH DIAMOND CLUSTER IN *PAVÉ* SETTING ELEVATED WITH PRONGS IN GOLD. THE THICK RING SHANK IS ENGRAVED WITH PHYTOMORPHIC MOTIF THAT RESEMBLES THE COFFEE PLANT. 19TH CENTURY.

ANEL DE CORONEL EM OURO COM UM CRISOBERILO LAPIDAÇÃO *OLD EUROPEAN* EM CRAVAÇÃO FECHADA EM PRATA. O GROSSO ARO DO ANEL TEM MOTIVO FITOMÓRFICO GRAVADO. SÉCULO XIX.
COLONEL RING IN GOLD WITH AN OLD EUROPEAN CUT CHRYSOBERYL IN CLOSED SETTING IN SILVER. THE THICK SHANK HAS PHYTOMORPHIC MOTIF ENGRAVED. 19TH CENTURY.

ANEL EM OURO COM DIAMANTES LAPIDAÇÃO OLD EUROPEAN EM CRAVAÇÃO FECHADA EM PRATA COM VOLUTAS.
O GROSSO ARO DO ANEL É DECORADO COM MOTIVO FLORAL. SÉCULO XVIII.
RING IN GOLD WITH OLD OLD EUROPEAN CUT DIAMONDS IN CLOSED SETTING IN SILVER WITH SCROLLS. THE RING SHANK IS DECORATED WITH FLORAL MOTIF. 18TH CENTURY.

ANEL EM OURO COM DIAMANTES LAPIDAÇÃO SIMPLES EM CRAVAÇÃO FECHADA EM PRATA. O ARO DO ANEL É DECORADO COM ARABESCOS. SÉCULO XIX.
RING IN GOLD WITH SINGLE CUT DIAMONDS IN CLOSED SETTING IN SILVER. THE RING SHANK IS A SIMPLE HOOP DECORATED WITH ARABESQUES. 19TH CENTURY.

ANEL EM OURO COM DIAMANTES LAPIDAÇÃO ROSA EM CRAVAÇÃO FECHADA EM PRATA. O ARO DO ANEL É DIVIDIDO EM TRÊS E DECORADO COM FOLHAS. SÉCULO XIX.
RING IN GOLD WITH ROSE CUT DIAMONDS IN CLOSED SETTING IN SILVER WITH SCROLLS. THE RING SHANK IS A SIMPLE HOOP SPLIT IN THREE DECORATED WITH LEAVES. 19TH CENTURY.

ANEL EM OURO COM DIAMANTES LAPIDAÇÃO *OLD MINE* EM CRAVAÇÃO FECHADA EM PRATA, EM FORMA DE MEDALHÃO OVAL. A BASE DO ANEL E UM ARO SIMPLES DIVIDIDO EM DOIS. SÉCULO 18.

RING IN GOLD WITH OLD MINE CUT DIAMONDS CLOSE SET IN SILVER, IN OVAL MEDALLION SHAPE. THE RING SHANK IS A SIMPLE HOOP SPLIT IN TWO. 18TH CENTURY.

RARO EXEMPLAR DE ANEL COM DIAMANTE E ESMALTE, DEVIDO A SEU ESTADO DE CONSERVAÇÃO. DIAMANTES LAPIDAÇÃO ROSA E *OLD MINE* EM CRAVAÇÃO FECHADA EM PRATA. A BASE DO ANEL, EM OURO, ACOMPANHA TODO O CONTORNO DA PEÇA E É DECORADA COM ARABESCOS. SÉCULO XVIII.

RARE EXAMPLE OF A RING WITH DIAMOND AND ENAMELING DUE TO ITS CONSERVATION. ROSE AND OLD MINE CUT DIAMONDS IN CLOSED SETTING IN SILVER. THE BASE OF THE RING IS IN GOLD AND IT CONTOURS THE WHOLE OUTLINE OF THE PIECE. THE SHANK IS DECORATED WITH ARABESQUES. 18TH CENTURY.

ANEL EM OURO COM DIAMANTES LAPIDAÇÃO ROSA EM CRAVAÇÃO FECHADA EM PRATA, EM FORMA DE MEDALHÃO OVAL. A BASE DO ANEL É UM ARO SIMPLES DIVIDIDO EM DOIS. SÉCULO XVIII.

RING IN GOLD WITH ROSE CUT DIAMONDS IN CLOSED SETTING IN SILVER, IN AN OVAL MEDALLION SHAPE. THE RING SHANK IS A SIMPLE HOOP SPLIT IN THREE. 18TH CENTURY.

ANEL EM OURO COM DIAMANTES LAPIDAÇÃO ROSA EM CRAVAÇÃO FECHADA EM PRATA. O ARO DO ANEL APRESENTA MOTIVO FITOMÓRFICO. SÉCULO XVIII.

RING IN GOLD WITH ROSE CUT DIAMONDS IN CLOSED SETTING IN SILVER. THE THICK SHANK PRESENTS A PHYTOMORPHIC MOTIF. 18TH CENTURY.

ANEL EM PRATA COM DIAMANTES LAPIDAÇÃO ROSA
EM CRAVAÇÃO FECHADA. A BASE DO ANEL É COMPOSTA
DE UM ARO SIMPLES. SÉCULO XIX.
RING WITH ROSE CUT DIAMONDS IN CLOSED SETTING IN
SILVER. THE RING SHANK IS A SIMPLE HOOP. 19TH CENTURY.

ANEL EM OURO COM DIAMANTES LAPIDAÇÃO ROSA
EM CRAVAÇÃO FECHADA EM PRATA, COM VOLUTAS.
A BASE DO ANEL É UM ARO SIMPLES DIVIDIDO EM TRÊS.
SÉCULO XIX.
RING IN GOLD WITH ROSE CUT DIAMONDS IN CLOSED
SETTING IN SILVER WITH SCROLLS. THE RING SHANK IS
A SIMPLE HOOP SPLIT IN THREE. 19TH CENTURY.

ANEL EM OURO COM DIAMANTES LAPIDAÇÃO ROSA
EM CRAVAÇÃO FECHADA EM PRATA. AS GEMAS DISPOSTAS
EM CRUZ E X FORMAM UMA ESPÉCIE DE ROSA DOS
VENTOS. A BASE DO ANEL É UM ARO SIMPLES. SÉCULO XIX.
RING IN GOLD WITH ROSE CUT DIAMONDS IN CLOSED
SETTING IN SILVER. THE GEMS ARRANGED IN CROSS
AND X CREATE A KIND OF WIND ROSE. THE RING SHANK
IS A SIMPLE HOOP. 19TH CENTURY.

ANEL EM OURO COM DIAMANTES LAPIDAÇÃO ROSA
EM CRAVAÇÃO FECHADA EM PRATA, COM VOLUTAS. O ARO
DO ANEL LEMBRA CORDAS ENTRELAÇADAS. SÉCULO XIX.
RING IN GOLD WITH ROSE CUT DIAMONDS IN CLOSED SETTING
IN SILVER WITH SCROLLS. THE RING SHANK RESEMBLES
ENTWINED STRINGS. 19TH CENTURY.

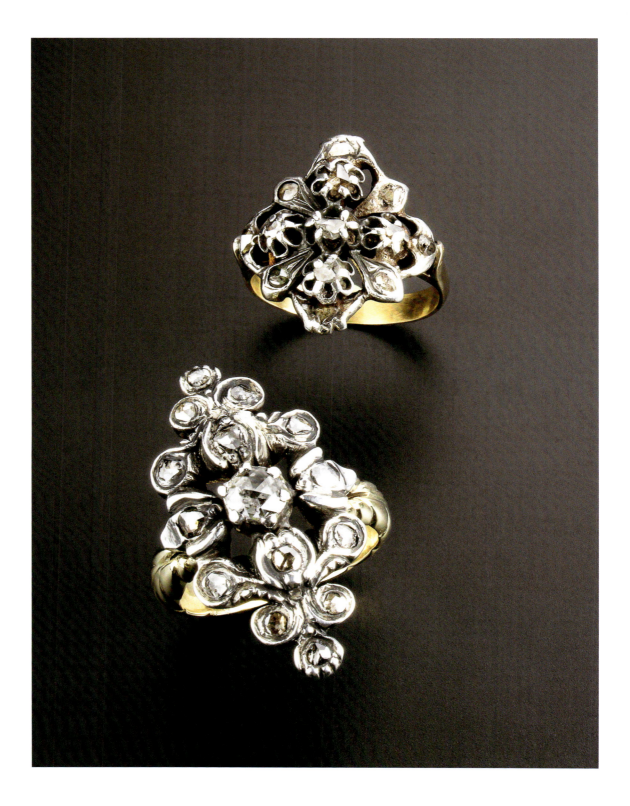

ANEL EM OURO COM GEMA AZUL/TOPÁZIO AZUL CENTRAL LAPIDADO, CERCADO POR FILEIRA DE PEQUENOS DIAMANTES FACETADOS EM CRAVAÇÃO FECHADA EM PRATA. O ARO DO ANEL É DIVIDIDO EM DOIS E DECORADO COM FOLHAS. SÉCULO XVIII.
RING IN GOLD WITH CENTRAL BLUE GEM/BLUE TOPAZ, SURROUNDED BY A ROW OF SMALL FACETED DIAMONDS IN CLOSED SETTING IN SILVER. THE SPLIT RING SHANK IS DECORATED WITH LEAVES. 18TH CENTURY.

ANEL EM OURO COM GEMA CORADA/DIAMANTE COLORIDO CENTRAL LAPIDADO, CERCADO POR DUAS FILEIRAS DE PEQUENOS DIAMANTES FACETADOS EM CRAVAÇÃO FECHADA EM PRATA. O ARO DO ANEL APRESENTA MOTIVO FITOMÓRFICO. SÉCULO XVIII.
RING IN GOLD WITH CENTRAL COLORED GEM/DIAMOND, SURROUNDED BY TWO ROWS OF SMALL FACETED DIAMONDS IN CLOSED SETTING IN SILVER. THE RING SHANK PRESENTS A PHYTOMORPHIC MOTIF. 18TH CENTURY.

ANEL COM TOPÁZIOS E CRISOBERILOS EM PRATA, FORMANDO UM QUADRIFÓLIO ALONGADO. SÉCULO XVIII.
RING IN GOLD WITH TOPAZES AND CHRYSOBERYLS CLOSED IN SETTING IN SILVER, FORMING AN ELONGATED QUADRIFOLIO. 18TH CENTURY.

ANEL DE OURO COM QUARTZOS EM LAPIDAÇÃO OLD MINE E *OLD EUROPEAN* CRAVADOS EM PRATA, COM ORNATO EM CONTAS DE OURO. SÉCULO XVIII.
RING IN GOLD WITH OLD MINE AND OLD EUROPEAN CUT QUARTZ IN CLOSED SETTING IN SILVER, WITH ORNATE OF GOLD BEADS. 18TH CENTURY.

ANEL COM SAFIRA LAPIDAÇÃO *OLD MINE* E PEQUENOS DIAMANTES LAPIDAÇÃO ROSA ANTIGA EM OURO E PRATA, DECORADO COM MOTIVO FLORAL. SÉCULO XIX.
RING WITH OLD MINE CUT SAPPHIRE AND SMALL ROSE CUT DIAMONDS IN GOLD AND SILVER, DECORATED WITH FLORAL MOTIF. 19TH CENTURY.

ANEL DE OURO COM TOPÁZIOS CRAVADOS EM PRATA, EM DELICADO BOTÃO FLORAL EMOLDURADO, COM ORNATO EM CONTAS DE OURO. SÉCULO XVIII.
RING IN GOLD WITH TOPAZES IN CLOSED SETTING IN SILVER, IN A DELICATE FRAMED FLOWER CLUSTER, WITH ORNATE OF GOLD BEADS. 18TH CENTURY.

ANEL EM OURO COM PERIDOTOS E CRISOBERILOS SOBRE FOLHETAS E CRAVADOS EM PRATA. SÉCULO XIX.
RING IN GOLD WITH PERIDOTS AND CHRYSOBERYLS ON FOILS IN CLOSED SETTTING IN SILVER. 19TH CENTURY.

ANEL DE OURO COM TOPÁZIOS CRAVADOS EM PRATA, EM DELICADO BOTÃO FLORAL EMOLDURADO, COM ORNATO EM CONTAS DE OURO. SÉCULO XVIII.
RING IN GOLD WITH TOPAZES IN CLOSED SETTING IN SILVER, IN A DELICATE FRAMED FLOWER CLUSTER, WITH ORNATE OF GOLD BEADS. 18TH CENTURY.

ANEL DE OURO COM TOPÁZIOS CASTANHO-AVERMELHADOS E CRISOBERILOS CRAVADOS EM PRATA, EM DELICADO MOTIVO FLORAL EMOLDURADO. SÉCULO XVIII.
RING IN GOLD WITH RUSSET TOPAZES AND CHRYSOBERYLS IN CLOSED SETTING IN SILVER, IN A DELICATE FRAMED FLOWER SPRAY. 18TH CENTURY.

CONJUNTO DE ANÉIS COM GEMAS CORADAS. DE CIMA PARA BAIXO: AMETISTA E TOPÁZIOS INCOLORES EM OURO E PRATA; COM AMETISTA E QUARTZO EM PRATA; GRANADA HESSONITA E PÉROLAS EM OURO E PRATA; GRANADA HESSONITA, PÉROLAS E DIAMANTES EM OURO E PRATA. PRIMEIRA METADE DO SÉCULO XIX.
SET OF RINGS WITH COLORED GEMSTONES. FROM TOP TO BOTTOM: AMETHYST AND COLORLESS TOPAZ IN GOLD AND SILVER; AMETHYST AND QUARTZ IN SILVER; HESSONITE GARNET AND PEARLS IN GOLD AND SILVER; HESSONITE GARNET, PEARLS AND DIAMONDS IN GOLD AND SILVER. FIRST HALF OF THE 19TH CENTURY.

ANÉIS MASCULINOS COM ESMERALDAS, PÉROLAS E DIAMANTES EM OURO E PRATA. AS ESMERALDAS PODEM SER INDICATIVAS DE ANÉIS DE FORMATURA EM MEDICINA. PRIMEIRA METADE DO SÉCULO XIX.

MEN'S RINGS WITH EMERALDS, PEARLS AND DIAMONDS IN GOLD AND SILVER. EMERALDS MAY BE INDICATIVE OF MEDICAL SCHOOL GRADUATION RINGS FIRST HALF OF THE 19TH CENTURY.

PULSEIRAS COM TOPÁZIOS EM LAPIDAÇÃO *CUSHION*
E *OLD MINE* EM OURO E PRATA, COM FLOR AO CENTRO.
SEGUNDA METADE DO SÉCULO XIX.

BRACELETS WITH CUSHION AND OLD MINE CUT
TOPAZES IN GOLD AND SILVER, WITH A CENTRAL FLOWER.
SECOND HALF OF THE 19TH CENTURY.

PULSEIRA COM TOPÁZIOS EM LAPIDAÇÃO *CUSHION* E *OLD MINE* EM OURO E PRATA, COM FLOR AO CENTRO. SEGUNDA METADE DO SÉCULO XIX.

BRACELET WITH CUSHION AND OLD MINE CUT TOPAZES IN GOLD AND SILVER, WITH A CENTRAL FLOWER. SECOND HALF OF THE 19TH CENTURY.

PÁGINA AO LADO/RIGHT:
MAGNÍFICO CONJUNTO DE TRÊS BROCHES — E SEU ESTOJO — COM TOPÁZIOS INCOLORES EM LAPIDAÇÕES VARIADAS EM OURO E PRATA. SEGUEM O MODELO *GIRANDOLE*, NO QUAL TRÊS GOTAS PENDEM DE UM ORNAMENTO CENTRAL, LEMBRANDO A LUZ E A ESTRUTURA DOS CASTIÇAIS. NAS TRÊS PEÇAS, É POSSÍVEL NOTAR UM BOTÃO COM MOTIVO FLORAL COROADO AO CENTRO, DE ONDE SAEM FITAS E FLORES. SÉCULO XVIII.

MAGNIFICENT SET OF THREE BROOCHES—AND THEIR CASE—WITH COLORLESS TOPAZES WITH VARIOUS CUTS IN GOLD AND SILVER. THEY FOLLOW THE *GIRANDOLE* STYLE, IN WHICH THREE DROPS HANG FROM A CENTRAL ORNAMENT, REMINDING THE LIGHT AND STRUCTURE OF CANDLESTICKS. ON THE THREE PIECES, IT IS POSSIBLE TO NOTICE A CENTRAL CROWNED BUTTON WITH FLORAL MOTIF FROM WHICH RIBBONS AND FLOWERS DEPART. 18TH CENTURY.

PÁGINAS SEGUINTES/NEXT PAGES:
BRINCOS COM QUARTZOS INCOLORES EM PRATA E OURO, COMPOSTOS DE BOTÃO, LAÇO COM FRISO EM CONTAS DE OURO E PENDENTE COM PARTE CENTRAL MÓBIL. SÉCULO XVIII. IMPRESSIONANTE COLAR COM QUARTZOS INCOLORES EM PRATA. O PENDENTE CENTRAL PODE SER DESMONTADO EM TRÊS OUTROS MENORES, E O AJUSTE DA ALTURA DO COLAR É FEITO COM FITAS QUE PASSAM POR ARGOLAS LOCALIZADAS NAS PONTAS. NO VICTORIA & ALBERT MUSEUM, HÁ UM COLAR NAS MESMAS PROPORÇÕES E SILHUETA. FINAL DO SÉCULO XVIII.

EARRINGS WITH COLORLESS QUARTZ IN SILVER AND GOLD, COMPOSED OF BUTTON, BOW WITH RIBBONS OF GOLD BEADS AND PENDANT WITH A MOBILE CENTRAL PART. 18TH CENTURY. IMPRESSIVE NECKLACE WITH COLORLESS GEMSTONES IN SILVER. THE CENTRAL PENDANT CAN BE DETACHED INTO THREE SMALLER ONES, AND THE HEIGHT ADJUSTMENT OF THE COLLAR CAN BE MADE WITH RIBBONS PASSING THROUGH HOOPS LOCATED AT BOTH ENDS. AT THE VICTORIA & ALBERT MUSEUM, THERE IS A NECKLACE WITH THE SAME PROPORTIONS AND SILHOUETTE. LATE 18TH CENTURY.

IMPRESSIONANTE PINGENTE E BROCHE COM TOPÁZIOS INCOLORES EM PRATA DO SÉCULO XVIII. A SEQUÊNCIA DE LAÇOS É TOTALMENTE ARTICULADA. PEÇA QUASE IDÊNTICA ENCONTRA-SE NA CASA — MUSEU MARTA ORTIGÃO SAMPAIO E PODE SER APRECIADA NO LIVRO *A JOALHARIA EM PORTUGAL — 1750-1825* (P.91, LÂMINA 101).

STUNNING PENDANT AND BROOCH WITH COLORLESS TOPAZ IN SILVER FROM THE 18TH CENTURY. THE SEQUENCE OF BOWS IS FULLY ARTICULATED. ALMOST IDENTICAL PIECE IS IN THE CASA-MUSEU MARTA ORTIGÃO SAMPAIO AND CAN BE APPRECIATED IN THE BOOK *A JOALHARIA EM PORTUGAL: 1750-1825* (P.91, PLATE 101).

PÁGINAS ANTERIORES/PREVIOUS PAGES:

MAGNÍFICO CONJUNTO DE COLAR E BRINCOS COM DIAMANTES EM LAPIDAÇÃO ROSA ANTIGA EM PRATA E OURO. AS GEMAS FORMAM FLORÕES EM CRAVAÇÃO PARCIALMENTE FECHADA, COM CURIOSO TRABALHO DE À JOUR NO VERSO, SUPOSTAMENTE PARA PERMITIR A ENTRADA DA LUZ POR TRÁS DOS DIAMANTES. SÉCULO XVIII.

MAGNIFICENT DIAMOND FLORAL CLUSTER SET WITH NECKLACE AND EARRINGS IN SILVER AND GOLD. OLD ROSE CUT GEMS IN PARTIALLY CLOSED SETTING IN SILVER WITH AN INTRIGUING À JOUR WORK IN GOLD ON ITS BACK, SUPPOSEDLY IN ORDER TO LET THE LIGHT REACH THE DIAMONDS FROM BEHIND. 18TH CENTURY.

BELÍSSIMO CONJUNTO DE COLAR E BRINCOS COM GEMAS AMARELAS/TOPÁZIOS EM PRATA E DETALHES EM OURO. SÉCULO XVIII.

BEAUTIFUL NECKLACE AND EARRINGS WITH YELLOW GEMS/TOPAZES CLOSE SET IN SILVER AND DETAILS IN GOLD. 18TH CENTURY.

BRINCOS COM CRISOBERILOS E TOPÁZIOS EM OURO E PRATA, EM INTERESSANTE VARIAÇÃO ARREDONDADA DO MODELO TRADICIONAL. SÉCULO XVIII.

EARRINGS WITH CHRYSOBERYLS AND TOPAZES IN GOLD AND SILVER, IN AN INTERESTING ROUNDED VARIATION OF THE TRADITIONAL MODEL. 18TH CENTURY.

BRINCOS COM CRISOBERILOS E TOPÁZIOS EM OURO
E PRATA, EM RARA VARIAÇÃO DO MODELO TRADICIONAL.
SÉCULO XVIII.

EARRINGS WITH CHRYSOBERYLS AND TOPAZES IN GOLD
AND SILVER, IN A RARE VARIATION OF THE TRADITIONAL
MODEL. 18TH CENTURY.

BRINCOS COM CRISOBERILOS EM OURO E PRATA.
AS FORMAS ARREDONDADAS DO BOTÃO, LAÇO E PENDENTE,
ACOMPANHADAS DO FRISO EM CONTAS DE OURO, FAZEM
DOS BRINCOS UMA PEÇA ESPECIAL. UM PAR MUITO
PARECIDO ENCONTRA-SE NO ACERVO DO MUSÉE DES ARTS
DECORATIFS DE PARIS, FRANÇA. SÉCULO XVIII.

EARRINGS WITH CHRYSOBERYLS IN GOLD AND SILVER.
THE ROUNDED SHAPE OF THE BUTTON, LACE AND PENDANT,
ACCOMPANIED BY THE RIBBONS OF GOLD BEADS
MAKE THEM A SPECIAL PIECE. A VERY SIMILAR PAIR IS
IN THE COLLECTION OF THE MUSÉE DES ARTS DECORATIFS
OF PARIS, FRANCE. 18TH CENTURY.

BRINCOS COM CRISOBERILOS EM OURO E PRATA. DOIS FLORÕES SE COMBINAM COM OS FRISOS EM CONTAS DE OURO E DÃO LEVEZA ÀS GEMAS EM CRAVAÇÃO FECHADA EM PRATA. SÉCULO XVIII.

EARRINGS WITH CHRYSOBERYLS IN GOLD AND SILVER. TWO FLORAL CLUSTERS COMBINED WITH THE RIBBONS OF GOLD BEADS GIVE LIGHTNESS TO THE GEMSTONES IN CLOSED SETTING IN SILVER. 18TH CENTURY.

BRINCOS COM CRISOBERILOS EM OURO E PRATA,
COM MOTIVO FLORAL PENDENTE EM ARGOLA. SÉCULO XVIII.

EARRINGS WITH CHRYSOBERYLS IN GOLD AND SILVER,
WITH FLORAL MOTIF PENDANT IN A HOOP. 18TH CENTURY.

BRINCOS COM CRISOBERILOS EM PRATA, COM VARIAÇÃO MAIS ANGULOSA DO MODELO TRADICIONAL A PARTIR DA MARGARIDA NO BOTÃO. SÉCULO XVIII.

EARRINGS WITH QUARTZ IN SILVER, WITH A MORE ANGULAR VARIATION OF THE TRADITIONAL MODEL OUT OF THE DAISY ON THE BUTTON. 18TH CENTURY.

BRINCOS COM CRISOBERILOS EM PRATA E DETALHES EM OURO. A COMPOSIÇÃO DE BOTÃO, LAÇO E PENDENTE SE TORNA AINDA MAIS LEVE COM A ESTRUTURA DELGADA DO METAL. SÉCULO XVIII.

EARRINGS WITH CHRYSOBERYLS IN SILVER AND DETAILS IN GOLD. THE COMPOSITION OF BUTTON, LOOP AND PENDANT BECOMES EVEN LIGHTER DUE TO THE THIN SETTING STRUCTURE. 18TH CENTURY.

BRINCOS DE OURO COM DIAMANTES LAPIDAÇÃO ROSA
EM CRAVAÇÃO FECHADA EM PRATA. A CESTA DE FLORES É
UM TEMA FREQUENTE NA JOALHERIA. FINS DO SÉCULO XVIII.

EARRINGS IN GOLD WITH ROSE CUT DIAMONDS IN CLOSE
SET SILVER. THE BASKET OF FLOWERS IS A FREQUENT THEME
IN JEWELLERY. LATE 18TH CENTURY.

BRINCOS COM QUARTZOS DE DIFERENTES TONALIDADES EM PRATA E OURO COM INTERESSANTE DESENHO DE FITAS ENTRELAÇADAS. SÉCULO XVIII.
EARRINGS WITH QUARTZ OF DIFFERENT SHADES IN SILVER AND GOLD WITH INTERESTING DESIGN OF INTERWOVEN RIBBONS. 18TH CENTURY.

BRINCOS COM DIAMANTES LAPIDAÇÃO ROSA EM CRAVAÇÃO FECHADA EM PRATA E DETALHES EM OURO, COM BOTÃO EM CORAÇÃO E PENDENTE EM FLOR. FINAL DO SÉCULO XVIII.
EARRINGS WITH ROSE CUT DIAMONDS IN CLOSED SETTING IN SILVER WITH DETAILS IN GOLD, WITH HEART SHAPED BUTTON AND FLOWERY PENDANT WITH SCROLLS. LATE 18TH CENTURY.

BRINCOS COM DIAMANTES LAPIDAÇÃO ROSA EM CRAVAÇÃO
FECHADA EM PRATA E DETALHES EM OURO, COM BOTÃO
EM FLOR E PENDENTE ALONGADO COM VOLUTAS. FINAL
DO SÉCULO XVIII.

EARRINGS WITH ROSE CUT DIAMONDS IN CLOSED SETTING
IN SILVER WITH DETAILS IN GOLD, WITH FLOWERY BUTTON AND
ELONGATED PENDANT WITH SCROLLS. LATE 18TH CENTURY.

BROCHE EM PRATA E OURO COM DIAMANTES. EUROPA, FINAL DO SÉCULO XIX.

BROOCH IN SILVER AND GOLD WITH DIAMONDS. EUROPE, LATE 19TH CENTURY.

ARGOLAS COM DIAMANTES LAPIDAÇÃO ROSA EM PRATA E OURO. O FORMATO EM FLORES EM CORNUCÓPIA É RECORRENTE DESDE A ANTIGUIDADE CLÁSSICA E REPRESENTA A FERTILIDADE E ABUNDÂNCIA. SÉCULO XVIII.

HOOP EARRINGS WITH ROSE CUT DIAMONDS IN CLOSED SETTING IN SILVER AND GOLD. FLOWERS IN A CORNUCOPIA HAVE BEEN A JEWELLERY THEME SINCE CLASSICAL ANTIQUITY AND IT REPRESENTS FERTILITY AND ABUNDANCE. 18TH CENTURY.

BRINCOS COM DIAMANTES LAPIDAÇÃO ROSA ANTIGA EM CRAVAÇÃO FECHADA EM OURO E PRATA. FINAL DO SÉCULO XVII.
EARRINGS WITH OLD ROSE CUT DIAMONDS IN CLOSED SETTING IN GOLD AND SILVER. LATE 17TH CENTURY.

CENTRO DE COLAR COM DIAMANTES LAPIDAÇÃO ROSA ANTIGA EM CRAVAÇÃO FECHADA EM OURO E PRATA, TRABALHO CINZELADO COM MOTIVOS FITOMÓRFICOS ESTILIZADOS. NO VERSO, BELO TRABALHO DE DECORAÇÃO E PASSADEIRAS PARA FITA DE MATERIAL TÊXTIL. FINAL DO SÉCULO XVII.

CENTER OF NECKLACE WITH OLD ROSE CUT DIAMONDS IN CLOSED SETTING IN GOLD AND SILVER, CUT AND CHISELED WORK WITH STYLIZED PHYTOMORPHIC MOTIF. ON THE BACK THERE IS A BEAUTIFUL ENGRAVED DECORATION AND HOOPS FOR TEXTILE MATERIAL. END OF 17TH CENTURY.

CENTRO DE COLAR COM DIAMANTES LAPIDAÇÃO ROSA ANTIGA EM CRAVAÇÃO FECHADA EM OURO E PRATA, TRABALHO CINZELADO COM MOTIVOS FITOMÓRFICOS ESTILIZADOS. NO VERSO, PASSADEIRAS PARA FITA DE MATERIAL TÊXTIL. FINAL DO SÉCULO XVII.

NECKLACE CENTER WITH OLD ROSE CUT DIAMONDS CLOSE SETTING IN GOLD AND SILVER, CUT AND CHISELED WORK WITH STYLIZED PHYTOMORPHIC MOTIF. ON THE BACK A PAIR OF HOOPS FOR A TEXTILE RIBBON. LATE 17TH CENTURY.

BRINCOS DE OURO COM DIAMANTES LAPIDAÇÃO ROSA EM CRAVAÇÃO FECHADA EM PRATA. A GUIRLANDA DE FLORES E O LAÇO DÃO DELICADEZA À PEÇA. FINS DO SÉCULO XVIII.
EARRINGS IN GOLD WITH ROSE CUT DIAMONDS IN CLOSED SETTING SILVER. THE GARLAND OF FLOWERS AND THE LACE GIVE DELICACY TO THE PIECE. LATE 18TH CENTURY.

BRINCOS COM DIAMANTES LAPIDAÇÃO ROSA EM CRAVAÇÃO
FECHADA EM PRATA E DETALHES EM OURO, COM BOTÃO,
LAÇO E PENDENTE ALONGADOS. FINAL DO SÉCULO XVIII.
EARRINGS WITH ROSE CUT DIAMONDS IN CLOSED SETTING
IN SILVER WITH DETAILS IN GOLD, WITH ELONGATED BUTTON,
BOW AND PENDANT. LATE 18TH CENTURY

BRINCOS COM CRISOBERILOS E TOPÁZIOS EM OURO E PRATA, COM BOTÃO, LAÇO E PENDENTE ALONGADOS, ACOMPANHADOS DE FRISO EM CONTAS DE OURO. SÉCULO XVIII.

EARRINGS WITH CHRYSOBERYLS IN SILVER AND GOLD COMPOSED OF ELONGATED BUTTON, BOW AND PENDANT, WITH RIBBONS OF GOLD BEADS. 18TH CENTURY.

BRINCOS COM CRISOBERILOS EM OURO E PRATA.
AS GEMAS EM NAVETA DO BOTÃO, LAÇO E PENDENTE SÃO
ACOMPANHADAS DE FRISO EM CONTAS DE OURO, O QUE
DESTACA AINDA MAIS AS GEMAS. SÉCULO XVIII.

EARRINGS WITH CHRYSOBERYLS IN GOLD AND SILVER.
THE *NAVETTE* CLUSTER SHAPE OF THE BUTTON, LACE AND
PENDANT, ACCOMPANIED BY THE RIBBONS OF GOLD BEADS
MAKE THE GEMS GAIN PROMINENCE. 18TH CENTURY

BRINCOS COM CRISOBERILOS EM PRATA E OURO, COMPOSTOS DE BOTÃO, LAÇO E PENDENTE COM PARTE CENTRAL COM MOVIMENTO. O PENDENTE É DESTACÁVEL. SÉCULO XVIII.

EARRINGS WITH CHRYSOBERYLS IN SILVER AND GOLD, COMPOSED OF BUTTON, BOW AND PENDANT WITH A MOBILE CENTRAL PART. THE PENDANT IS DETACHABLE. 18TH CENTURY.

ARGOLAS COM QUARTZO INCOLOR EM PRATA.
FLORES EM CORNUCÓPIA SÃO UM TEMA RECORRENTE
DESDE A ANTIGUIDADE CLÁSSICA E REPRESENTA
A FERTILIDADE E ABUNDÂNCIA. SÉCULO XVIII.

HOOP EARRINGS WITH COLORLESS QUARTZ IN SILVER.
FLOWERS IN A CORNUCOPIA HAVE BEEN A JEWELLERY
THEME SINCE CLASSICAL ANTIQUITY AND THEY REPRESENT
FERTILITY AND ABUNDANCE. 18TH CENTURY.

BRINCOS COM QUARTZOS EM PRATA, COM BOTÃO,
LAÇO E PENDENTE DELGADOS. SÉCULO XVIII.

EARRINGS WITH QUARTZ IN SILVER, WITH SLIM BUTTON,
BOW AND PENDANT. 18TH CENTURY.

BRINCOS EM OURO COM DIAMANTES EM LAPIDAÇÃO ROSA, COM BOTÃO, LAÇO E PENDENTE ALONGADOS. FINAL DO SÉCULO XVIII. PEÇA MUITO SEMELHANTE PODE SER VISTA NO CATÁLOGO *BRILLIANT IMPRESSIONS*, À PÁGINA 102, LÂMINA 136.

EARRINGS IN GOLD WITH ROSE CUT DIAMONDS WITH ELONGATED BUTTON, BOW AND PENDANT. LATE 18TH CENTURY. VERY SIMILAR PIECE CAN BE SEEN IN THE CATALOG *BRILLIANT IMPRESSIONS*, PAGE 102, PLATE 136.

BROCHE COM CRISOBERILOS EM OURO E PRATA.
AS GEMAS, DISTRIBUÍDAS EM FORMATO NAVETA, ESTÃO
EM CRAVAÇÃO FECHADA EM PRATA. A PEÇA É COMPLETADA
POR ORNATO EM CONTAS DE OURO. SÉCULO XVIII.

BROOCH WITH CHRYSOBERYLS IN GOLD AND SILVER.
THE GEMS, DISTRIBUTED IN *NAVETTE* SHAPE, ARE IN CLOSED
SETTING IN SILVER. THE PIECE IS COMPLETED WITH ORNATE
OF GOLD BEADS. 18TH CENTURY.

INSÍGNIA DA ORDEM DE SANTIAGO DA ESPADA COM GRANADAS E CRISOBERILOS EM OURO E PRATA. APRESENTA A CRUZ DE SANTIAGO RODEADA POR RAMOS DE FOLHAS COM UMA ROSETA NO ALTO DO PINGENTE. NESSE FORMATO, COSTUMAVA SER AGRACIADA A MULHERES. SÉCULO XVIII.

INSIGNIA OF THE ORDER OF SAINT JAMES OF THE SWORD WITH GARNETS AND CHRYSOBERYLS IN GOLD AND SILVER. IT PRESENTS THE CROSS OF SANTIAGO SURROUNDED BY BRANCHES OF LEAVES WITH A ROSETTE AT THE TOP OF THE PENDANT. THIS FORMAT USED TO BE GRACED TO WOMEN. 18TH CENTURY

BROCHE COM TOPÁZIOS IMPERIAIS SOBRE FOLHETAS PARA REALCE DE BRILHO E COR NA CRAVAÇÃO FECHADA EM PRATA. BOTÃO E GOTA SÃO LIGADOS POR FITAS E BUQUÊ DE FOLHAS. SÉCULO XVIII.

BROOCH WITH IMPERIAL TOPAZES WITH FOILED SETTINGS FOR GEM COLOR AND BRILLIANCE ENHANCEMENT, IN CLOSED SETTING IN SILVER. BUTTON AND DROP CLUSTERS ARE LINKED BY A SPRAY OF LEAVES AND RIBBONS. 18TH CENTURY.

TRÊS ALFINETES FLORAIS EM OURO E PRATA: O MAIOR, COM QUARTZOS OU TOPÁZIOS INCOLORES; O SEGUNDO, COM ESMERALDA CENTRAL E DIAMANTES; O MENOR, COM CRISOBERILOS. FINAL DO SÉCULO XVIII.

THREE FLORAL PINS IN GOLD AND SILVER: THE LARGEST WITH COLORLESS QUARTZ OR TOPAZ, THE SECOND WITH CENTRAL EMERALD AND DIAMONDS AND THE SMALLEST WITH CHRYSOBERYLS. LATE 18TH CENTURY.

PINGENTE E BROCHE COM AMETISTAS E QUARTZOS LAPIDAÇÃO *OLD MINE* SOBRE FOLHETAS PARA REALCE DE COR E BRILHO NA CRAVAÇÃO FECHADA EM PRATA. BOTÃO E GOTA SÃO LIGADOS POR RAMOS E FOLHAGEM. SÉCULO XVIII.

PENDANT AND BROOCH WITH FACETED AMETHYSTS AND OLD MINE CUT QUARTZ WITH FOILED SETTINGS FOR GEM ENHANCEMENT OF COLOR AND BRILLIANCE, AND CLOSED SETTING IN SILVER. BUTTON AND DROP ARE CONNECTED BY BRANCHES AND FOLIAGE. 18TH CENTURY.

TRÊS BROCHES COM QUARTZOS OU TOPÁZIOS EM PRATA COM MOTIVOS FLORAIS. O MENOR, COM ALFINETE EM OURO; O MAIOR, COM MECANISMO *EN TREMBLANT* E PEQUENAS ARGOLAS PARA SER USADO COMO CENTRO DE COLAR. SÉCULO XIX.

THREE BROOCHES WITH QUARTZ OR TOPAZ IN SILVER WITH FLORAL MOTIFS. THE SMALLER HAS ITS PIN IN GOLD AND THE LARGER HAS AN *EN TREMBLANT* MECHANISM AND ALSO SMALL RINGS ON THE BACK TO BE MOUNTED AS A NECKLACE CENTER. 19TH CENTURY.

GRANDE BROCHE COM CRISOBERILOS, TOPÁZIOS E QUARTZOS LAPIDAÇÃO *OLD EUROPEAN* EM PRATA, COM FLORÃO CENTRAL E DOIS MENORES SOBRE LAÇO. SÉCULO XVIII.

LARGE BROOCH WITH OLD EUROPEAN CUT CHRYSOBERYLS, TOPAZES AND QUARTZ IN SILVER, WITH CENTRAL FLOWER AND TWO SMALLER ONES ON THE BOW. 18TH CENTURY.

IMPONENTE COLAR COM TOPÁZIOS INCOLORES LAPIDAÇÃO *OLD EUROPEAN* EM PRATA. A PARTE CENTRAL É DESTACÁVEL E PODE SER USADA COMO BROCHE. SÉCULO XVIII.
GRAND NECKLACE WITH OLD EUROPEAN CUT COLORLESS TOPAZES IN SILVER. THE CENTRAL PART IS DETACHABLE AND IT CAN BE USED AS A BROOCH. 18TH CENTURY.

PINGENTE PORTA-MINIATURA COM QUARTZO EM PRATA E VISOR DE VIDRO. SÉCULO XVIII.

MINIATURE PENDANT WITH QUARTZ IN SILVER AND GLASS DISPLAY. 18TH CENT JRY.

FIVELA COM CRISOBERILOS E QUARTZOS EM METAL E PRATA. AS GEMAS EM LAPIDAÇÃO *OLD MINE* E *OLD EUROPEAN* ESTÃO ARRANJADAS EM DUAS FILEIRAS DE DIFERENTES TAMANHOS, FORMANDO UM HALO. SÉCULO XVIII.

BUCKLE WITH CHRYSOBERYLS AND QUARTZ IN METAL AND SILVER. THE OLD MINE AND OLD EUROPEAN CUT GEMSTONES ARE ARRANGED IN TWO ROWS OF DIFFERENT SIZES, FORMING A HALO. 18TH CENTURY.

MINIATURA EM OURO COM QUARTZOS E CRISOBERILOS EM LAPIDAÇÃO *OLD MINE* E *OLD EUROPEAN* CRAVADOS EM PRATA. SÉCULO XVIII.

MINIATURE IN GOLD W.TH OLD MINE AND OLD EUROPEAN QUARTZ AND CHRYSOBERYLS IN CLOSED SETTING IN SILVER. 18TH CENTURY.

PINGENTE EM CRUZ EM OURO COM DIAMANTES LAPIDAÇÃO ROSA EM CRAVAÇÃO FECHADA. FINAL DO SÉCULO XVII.
CROSS PENDANT WITH ROSE CUT DIAMONDS IN CLOSED SETTING IN SILVER. END OF 17TH CENTURY.

PINGENTE EM CRUZ EM OURO COM DIAMANTES LAPIDAÇÃO ROSA E *OLD MINE* EM CRAVAÇÃO COM GRIFAS E CRAVAÇÃO FECHADA. SÉCULO XVIII.

CROSS PENDANT IN GOLD WITH ROSE AND OLD MINE CUT DIAMONDS IN PRONG AND CLOSED SETTINGS. 18TH CENTURY.

OUTRAS JOIAS
OTHER JEWELLERY

BELO EXEMPLO DE JOIA *EN TREMBLANT*: BROCHE
EM OURO E PRATA COM DIAMANTES EM LAPIDAÇÃO ROSA,
OLD MINE E *CUSHION*. EUROPA, FINAL DO SÉCULO XIX.
DESDE O SÉCULO XVIII, AS PEÇAS *EN TREMBLANT* SÃO
MONTADAS SOBRE HASTES FLEXÍVEIS QUE FAZEM
SUAS PARTES BALANÇAR AO MAIS LEVE MOVIMENTO,
PARA, NOS SALÕES, TIRAR MAIOR PROVEITO DA INCIDÊNCIA
DA LUZ DAS VELAS SOBRE AS JOIAS COM DIAMANTES.

A BEAUTIFUL EXAMPLE OF JEWELLERY *EN TREMBLANT*:
BROOCH IN GOLD AND SILVER WITH ROSE,
OLD MINE AND CUSHION CUT DIAMONDS. EUROPE, LATE
19TH CENTURY. SINCE THE 18TH CENTURY, *EN TREMBLANT*
PIECES ARE MOUNTED ON FLEXIBLE RODS THAT MAKE
THE PARTS SWING AT THE SLIGHTEST MOVEMENT TO TAKE
FULL ADVANTAGE OF THE INCIDENCE OF CANDLELIGHT
ON DIAMOND JEWELLERY IN THE SALONS.

TIARA COM CORAIS ITALIANOS MONTADOS EM METAL
E TÊXTIL, DOS ANOS 1840-50. GUARDA SEMELHANÇA
COM TIARA INGLESA PERTENCENTE AO ACERVO
DO VICTORIA & ALBERT MUSEUM, EM LONDRES.

TIARA MOUNTED IN METAL AND TEXTILE WITH ITALIAN
CORALS, FROM 1840-50S. IT IS SIMILAR TO AN
ENGLISH TIARA FROM THE VICTORIA & ALBERT MUSEUM
COLLECTION, IN LONDON.

BELO EXEMPLO DE JOIA *EN TREMBLANT*: BROCHE EM OURO E PRATA COM DIAMANTES EM LAPIDAÇÃO ROSA, *OLD MINE* E *CUSHION*. EUROPA, FINAL DO SÉCULO XIX. DESDE O SÉCULO XVIII, AS PEÇAS *EN TREMBLANT* SÃO MONTADAS SOBRE HASTES FLEXÍVEIS QUE FAZEM SUAS PARTES BALANÇAR AO MAIS LEVE MOVIMENTO, PARA, NOS SALÕES, TIRAR MAIOR PROVEITO DA INCIDÊNCIA DA LUZ DAS VELAS SOBRE AS JOIAS COM DIAMANTES.

A BEAUTIFUL EXAMPLE OF JEWELLERY *EN TREMBLANT*: BROOCH IN GOLD AND SILVER WITH ROSE, OLD MINE AND CUSHION CUT DIAMONDS. EUROPE, LATE 19TH CENTURY. SINCE THE 18TH CENTURY, *EN TREMBLANT* PIECES ARE MOUNTED ON FLEXIBLE RODS THAT MAKE THE PARTS SWING AT THE SLIGHTEST MOVEMENT TO TAKE FULL ADVANTAGE OF THE INCIDENCE OF CANDLELIGHT ON DIAMOND JEWELLERY IN THE SALONS.

IMPRESSIONANTE CONJUNTO DE COLAR E PULSEIRA EM CORRENTE DE FILIGRANA DE OURO. SÉCULO XIX.
IMPRESSIVE SET OF NECKLACE AND BRACELET IN GOLD FILIGREE CHAIN. 19TH CENTURY.

CORRENTE DE MALHA DE OURO DO SÉCULO XIX.
CHAIN IN GOLD MESH FROM THE 19TH CENTURY.

CORRENTE TRANÇADA EM OURO COM PASSADEIRA COM PEQUENOS DIAMANTES E BORLA. NO DETALHE, ALTERNAM-SE FIOS SIMPLES E FIOS DUPLOS NO CORPO DA CORRENTE. SÉCULO XVIII-XIX.

BRAIDED CHAIN IN GOLD WITH BARREL WITH SMALL DIAMONDS AND TASSEL. DETAIL OF SINGLE WIRES AND DOUBLE WIRES ALTERNATE IN THE CHAIN BODY. 18TH-19TH CENTURIES.

CORRENTE EM OURO COM DELICADOS ELOS DECORADOS. EUROPA, SÉCULO XIX.
GOLD CHAIN WITH DELICATE DECORATED LINKS. EUROPE, 19TH CENTURY.

DEDAL EM OURO GRAVADO, COM O MONOGRAMA "M.L.A.". SÉCULO XIX.
THIMBLE IN GOLD ENGRAVED WITH THE MONOGRAM "M.L.A.". 19TH CENTURY.

TESOURA PARA BORDADO EM METAL E OURO CINZELADO. SÉCULO XIX.
EMBROIDERY SCISSORS IN METAL AND CHISELED GOLD. 19TH CENTURY.

PULSEIRAS EM PRATA E OURO COM DIAMANTES.
EUROPA, FINAL DO SÉCULO XIX.

BRACELETS IN SILVER AND GOLD WITH DIAMONDS.
EUROPE, LATE 19TH CENTURY.

BRACELETE COMPOSTO DE PEQUENAS FLORES DE OURO ESTAMPADO EM DOIS TONS. FINAL DO SÉCULO XIX.
BRACELET MADE OF SMALL STAMPED GOLD FLOWERS IN TWO DIFFERENT TONES. LATE 19TH CENTURY.

PINGENTE EM PRATA COM REPRESENTAÇÃO DA DEUSA GREGA HEBE ENTRE MOTIVOS FLORAIS COM CRISOBERILOS EM LAPIDAÇÃO MESA, GRANADAS EM LAPIDAÇÃO *CUSHION*, PÉROLAS E ESMALTE POLICROMÁTICO. EUROPA, SÉCULO XIX.
PENDANT IN SILVER WITH REPRESENTATION OF THE GREEK GODDESS HEBE AMONG FLORAL MOTIFS WITH TABLE CUT CHRYSOBERYLS, CUSHION CUT GARNET, PEARLS AND POLYCHROMATIC ENAMEL. EUROPE, 19TH CENTURY.

COLAR COM MOTIVOS FLORAIS EM OURO E PRATA, COM DIAMANTES E RUBIS FACETADOS. A PARTE CENTRAL DO COLAR É DESTACÁVEL. EUROPA, PRIMEIRA METADE DO SÉCULO XIX.

NECKLACE WITH FLORAL MOTIFS IN GOLD AND SILVER WITH FACETED DIAMONDS AND RUBIES. THE CENTER PIECE IS DETACHABLE. EUROPE, FIRST HALF OF THE 19TH CENTURY.

COLAR EM OURO, PRATA E DIAMANTES EM LAPIDAÇÃO ROSA ANTIGA. O PENDENTE TAMBÉM PODE SER USADO COMO BROCHE. EUROPA, INÍCIO DO SÉCULO XIX.

NECKLACE IN GOLD, SILVER AND ROSE CUT DIAMONDS. THE PENDANT CAN ALSO BE USED AS A BROOCH. EUROPE, EARLY 19TH CENTURY.

BRINCOS EM OURO COM PEQUENAS GEMAS. AS MÃOS FORAM UM SÍMBOLO RECORRENTE NA JOALHERIA DO PERÍODO VITORIANO. SEGURANDO FLORES, COMO NESTA PEÇA, REPRESENTAVAM O AMOR. EUROPA, 1830-1840.

EARRINGS IN GOLD WITH SMALL GEMS. HANDS WERE A RECURRING SYMBOL IN VICTORIAN JEWELLERY. HOLDING FLOWERS, AS IN THIS PIECE, THEY REPRESENTED LOVE. EUROPE, 1830-1840.

BRINCOS À *RAINHA* EM OURO ESTAMPADO. SÉCULO XIX. PEÇA SEMELHANTE ENCONTRA-SE NO ACERVO DO MUSEU DOS BISCAINHOS, EM BRAGA, PORTUGAL.

EARRINGS À RAINHA IN STAMPED GOLD. 19TH CENTURY. SIMILAR PIECE IS IN THE COLLECTION OF THE MUSEU DOS BISCAINHOS, IN BRAGA, PORTUGAL.

BROCHE COM MINIATURA EM PRATA COM GEMA INCOLOR FACETADA. EUROPA, INÍCIO DO SÉCULO XIX.
MINIATURE BROOCH IN SILVER WITH FACETED COLORLESS GEM. EUROPE, EARLY 19TH CENTURY.

BROCHE EM PRATA E OURO COM TOPÁZIO CENTRAL LAPIDAÇÃO ROSA, TOPÁZIOS FACETADOS E DIAMANTES ROSA. EUROPA, SÉCULO XIX.
BROOCH IN SILVER AND GOLD WITH CENTRAL ROSE CUT TOPAZ, FACETED TOPAZ AND ROSE CUT DIAMONDS. EUROPE, 19TH CENTURY.

PENTE (OU *PEINETA*) EM CASCO DE TARTARUGA (*CAREY*) E OURO COM DELICADO TRABALHO CINZELADO. PROVAVELMENTE ESPANHOL DO INÍCIO DO SÉCULO XIX.
COMB (OR *PEINETA*) IN TORTOISE SHELL (*CAREY*) EMBELLISHED WITH DELICATE CHISELLED GOLD. PROBABLY SPANISH, EARLY 19TH CENTURY.

RARAS FIVELAS DE CALÇADO EM PRATA COM PASTA DE VIDRO E METAL EM SEU ESTOJO. PROVÁVEL ORIGEM FRANCESA, SEGUNDA METADE DO SÉCULO XVIII.
RARE SHOE BUCKLES IN SILVER WITH GLASS PASTE AND METAL IN THEIR CASE. PROBABLE FRENCH ORIGIN, SECOND HALF OF THE 18TH CENTURY.

FIVELA DE CALÇADO EM PRATA E PASTA DE VIDRO. PROVÁVEL ORIGEM EUROPEIA, SEGUNDA METADE DO SÉCULO XVIII.
SHOE BUCKLE IN SILVER WITH GLASS PASTE. PROBABLE EUROPEAN ORIGIN, SECOND HALF OF THE 18TH CENTURY.

FIVELA DE CALÇADO EM PRATA COM PASTA DE VIDRO, ESMALTE E METAL. PROVÁVEL ORIGEM FRANCESA, SEGUNDA METADE DO SÉCULO XVIII.
SHOE BUCKLE IN SILVER AND METAL WITH GLASS PASTE AND ENAMEL. PROBABLE FRENCH ORIGIN, SECOND HALF OF THE 18TH CENTURY.

FIVELAS DE CALÇADO — EM PRATA E COM PASTA DE VIDRO. MARCA DO FABRICANTE: "T". PROVÁVEL ORIGEM FRANCESA, INÍCIO DO SÉCULO XIX.

SHOE BUCKLES IN SILVER WITH PASTE. MAKER'S MARK: "T". PROBABLE FRENCH ORIGIN, EARLY 19TH CENTURY.

FIVELAS DE CALÇADO EM PRATA COM PASTA DE VIDRO. MARCADA "FRANCE". INÍCIO DO SÉCULO XIX.

SHOE BUCKLES IN SILVER WITH PASTE. MARKED 'FRANCE'. EARLY 19TH CENTURY.

BROCHE FEITO A PARTIR DE FIVELA DE CALÇADO EM PRATA COM GEMAS INCOLORES. PROVÁVEL ORIGEM EUROPEIA, SEGUNDA METADE DO SÉCULO XVIII.

BROOCH MADE FROM SILVER SHOE BUCKLE WITH COLORLESS GEMS. PROBABLE EUROPEAN ORIGIN, SECOND HALF OF THE 18TH CENTURY.

FIVELA DE CINTO EM PRATA E DIAMANTES EM LAPIDAÇÃO SIMPLES, COM DELICADO TRABALHO EM *MILLEGRAIN*. PROVÁVEL ORIGEM EUROPEIA, FINAL DO SÉCULO XIX.

BELT BUCKLE IN SILVER AND SINGLE CUT DIAMONDS, WITH DELICATE WORK IN *MILLEGRAIN*. PROBABLE EUROPEAN ORIGIN, LATE 19TH CENTURY.

JOIAS DA VIDA

Thayná Trindade

Omiro wanran wanran wanran omi ro!
[A água corre fazendo ruídos dos braceletes de Oxum!]
A wura olu.
[Ela é a dona do ouro.]

Refletir e escrever sobre mulheres pretas no contexto brasileiro da diáspora é, primeiramente e acima de tudo, louvar uma das grandes senhoras responsáveis pela resistência, pela luta política, pela prosperidade, pelo acolhimento, pelo amor por si mesma e por seu povo neste pedaço de Aiyê (terra): Oxum. Essa primeira Yalodê e Senhora do Mercado, com sua imensa capacidade de transitar por vários meios para chegar aonde quer, é símbolo do autocuidado e do orgulho que sempre foram as pedras fundamentais para assegurar a continuidade e o engrandecimento da população afrodescendente. Seus adornos e joias, para além da função de adorno e contemplação, constituem um conjunto de armas e ferramentas que, num campo de batalha, adquirem função primordial e ocupam um lugar poderoso, gerando reflexos para a reformulação do futuro.

Dentre esses reflexos, contemplo minha própria trajetória como designer de joias e pesquisadora e rememoro um oriki de Exu que diz: "Exu matou um pássaro ontem, com uma pedra que só jogou hoje". Exu age em nossas vidas e traça encruzilhadas de modo que nem fazemos ideia do que nos espera. É assim que me sinto quando olho retrospectivamente para o meu trabalho e para o tanto de caminho que foi percorrido e o tanto de (re)encontros que foram possibilitados para que hoje eu possa dar conta de certos questionamentos sobre a produção afro-brasileira de joalheria. Uma história intrincada e ancestral pela qual desfila uma sequência de mulheres negras anônimas, com suas trajetórias reduzidas ou submetidas às de seus senhores, e sempre envolta pelos múltiplos reflexos e mistérios que cercam a feitura e o significado dessas joias.

Peço agô e "bença" para que, antes de chegar à Dona Fulô, eu possa passar por Dona Cremilda de Assumpção Pereira, minha avó materna. Uma mulher preta à frente do seu tempo e também minha maior referência ética e estética. Muitas vezes eu a ouvi dizer que "uma mulher desarrumada é uma mulher desarmada" e que "uma mulher sem joias é uma mulher sem histórias". Essas frases rondam a minha memória e, em cada fase da minha vida, exercem e exalam significados sempre novos — significados que perpassam também pelas histórias de tantas outras mulheres pretas. Dona Cremilda, com postura altiva, olhar forte, sorriso generoso e envolta em tantos adornos cujos fulgor, formas e reflexos tanto me encantaram e ainda hoje me põem em marcha, na busca de entender mais sobre mim, sobre as mulheres pretas que atravessaram gerações e sobre a relevância que tiveram — elas e suas joias — na construção do Brasil.

Foi também sob as bênçãos e a inspiração de Dona Cremilda que, em dezembro de 2014, nasceu a Uzuri Acessórios, com o objetivo de produzir peças que conseguissem traduzir meus anseios de referenciar a estética afro-brasileira numa perspectiva diferente daquela que em geral se associa às mulheres negras no senso comum. No ano seguinte, ingressei no curso de História da Arte na Universidade Federal do Rio de Janeiro (UFRJ), onde dei início às pesquisas sobre joalheria de crioula, em paralelo à criação de joias e acessórios da Uzuri.

Em meio a essas pesquisas, deparei com alguns rostos, imagens e estéticas tão próximas, tão inspiradoras, mas que, ainda assim, até há pouquíssimo tempo, continuavam anônimas, com suas histórias e identidades desconhecidas. Era, por exemplo, o caso de Florinda Anna do Nascimento, a fabulosa Dona Fulô, que, com o olhar assertivo, o sorriso enigmático e a indumentária e os adornos poderosos, ressurge agora com nome, sobrenome e vida própria, desvendando histórias que nos foram ocultas, deslocadas para as margens do processo da identidade e da memória desse vasto território (afro-)brasileiro.

As joias de crioula demarcam um lugar muito particular de expressão de valores ancestrais e culturais que se comunicam de maneira bem direta (e ao mesmo tempo misteriosa), sinalizando identidades, autoestimas, distinções, religiosidades e graus de poderes sociais. Assim como grande parte da produção artística africana/afrodescendente, essas joias projetam e expandem seu uso e seu brilho para além da ideia de mero ornamento e validação da vaidade: elas preservam um ponto de conexão e misticismo no interior de uma miscelânea de fatores que compõem simbologias presentes e entrelaçadas em cada detalhe, em cada filigrana, em cada volteio de sua estética fabulosa. Além disso, constituíam um conjunto poderoso de ações para ascensão social, agregando alto valor de capital financeiro e entesouramento, ao ponto de terem se revelado capazes de transformar um número considerável de mulheres negras num dos segmentos mais ricos da sociedade brasileira em determinado período histórico.

A partir de uma perspectiva Sankofa — o conceito do povo acã, da África Ocidental, que pode ser resumido pela noção de "retornar ao passado para ressignificar o presente e construir o futuro" —, revisito e observo esses adornos e as imagens das mulheres pretas que os portam e, como as contas entrelaçadas num colar, os emprego no processo de costura de tantos hiatos, de tantas lacunas, de tantos silêncios deliberados, criando assim novos elos e novas maneiras de ultrapassar apagamentos históricos, possibilitando a abertura de novos caminhos para ampliar essas estéticas e incorporá-las a um cenário contemporâneo. Volumes, correntes, búzios, metais dourados e prateados são a base de produção material cujo propósito é exaltar e dar continuidade à beleza e ao legado ancestral das joias de crioula. Nesse processo, romper com um paradigma e com um ideal de beleza eurocêntrico e hegemônico revela-se ferramenta imprescindível para a perpetuação da diversidade estética afro-brasileira.

Ao longo do turbulento ano de 2021, resolvi recriar a história da joalheria de crioula e de como seriam essas mulheres negras, a partir da minha própria história e de como essas tramas se reencontram. Correntões, colares de bolas, búzios, filigranas se revelaram, desse modo, expressões concretas de plenitude e satisfação de um legado e da manutenção de uma herança africana, mesmo que adaptada a concessões e poéticas contemporâneas.

Como um grande ritual de validação de uma descendência real, quando (re)crio e (re)construo uma fonte de autonomia, vejo-me refletida em Dona Fulô e a encontro em mim, com o olhar destemido e sereno, com joias a se confundirem com armaduras capazes de proteger e fortificar. Quantas águas se passaram para que eu pudesse enfim me reencontrar com uma imagem que, durante tantos anos e em tão variadas circunstâncias, se mostrou diante de mim, sem nome, sem assinatura, aparentemente sem história? Mas a ancestralidade renasce e se perpetua em cada gota. E eu sou das águas.

Oxum é ancestral de grandes matriarcas como Mãe Menininha dos Gantois e outras tantas mulheres que existiram por aqui. Gerônimo cantou a pedra certeira: "Nesta cidade, todo mundo é d'Oxum". A cidade é Salvador, envolta na proteção da grande mãe, com pertenças a cada filha e a cada filho nascidos das gotas miúdas de suas águas e do tilintar de suas pulseiras. Na beleza dessa multiplicidade de tantos frutos, uma mulher preta, de nome Florinda Anna do Nascimento, senhora de tantas histórias e de tantos protagonismos, nos presenteia agora com seu baú de joias, adornos e contos.

Este texto e este livro são um cântico a ela.

CREMILDA DE ASSUMPÇÃO PEREIRA, BODAS DE PRATA. 1977. ACERVO PESSOAL.
CREMILDA DE ASSUMPÇÃO PEREIRA, SILVER WEDDING ANNIVERSARY. 1977. PERSONAL ARCHIVE.

THE JEWELLERY
OF LIFE

Thayná Trindade

Omiro wanran wanran wanran omi ro!
[The flowing water sounds like the bracelets of Oshun!]
A wura olu.
[She owns the gold.]

1. In Yoruba, praise or salutation text containing attributes or elements of the story of a deity, family, or clan. [TN]

When reflecting on and writing about Black women in the context of the Brazilian diaspora, one has first to praise one of the great women behind the resistance, struggle, politics, prosperity, self-love and care of her people on this part of the *Aiye* (world): Oshun. Our first Iyalode and Lady of the Market, with her ability to travel anywhere she wants, is a symbol of the self-care and pride that have always been the fundamental building blocks for the continuity and expansion of the Afro-descendant population. Her accessories and jewellery, in addition to being decorative and contemplative, are also an armoury of powerful and practical weapons and tools that lead one to reflect on future changes.

While reflecting, I contemplate my path as a jewellery designer and researcher, and I recall an *oríkì*[1] of Eshu that says: "Eshu killed a bird yesterday with a stone he only cast today." Eshu influences our lives and guides us to crossroads that could lead anywhere. This is how I feel when I look back over my own work, over the path I have taken, and over the (re)discoveries I have made; and I now feel able to discuss a number of elements of Afro-Brazilian jewellery production. It is an intricate and ancestral story traversed by a series of anonymous Black women, whose futures were limited or reduced by their masters, yet who were a key part of the multiple reflections and mysteries around the making of and meanings behind this jewellery.

I ask *àgò* [permission] and for a blessing so, before getting to Dona Fulô, I can touch on the life of Dona Cremilda de Assumpção Pereira, my maternal grandmother. She was a black woman who was ahead of her time, and she was also my greatest moral and aesthetic reference. I often heard her say that "a slovenly woman is an unprepared woman," and that "a woman without jewellery is a woman with no tales to tell." These phrases have stuck in my memory, and at every stage of my life they have found new meanings. These meanings also traverse the stories of many other Black women. Dona Cremilda, with her haughty stance, firm gaze, generous smile, and bounteous, shapely, glittering, reflective adornments that so delighted me, set me on a mission to understand more about myself, more about Black women over the generations, and more about their jewellery and vital roles in the construction of Brazil.

It was also with the blessing and inspiration of Dona Cremilda that, in December 2014, I started Uzuri Acessórios, with the aim of producing pieces that could translate my desire to reference Afro-Brazilian aesthetics in a perspective that went beyond the common sense usually associated with Black women. The following year, I started a degree in Art History at the Universidade Federal do Rio de Janeiro (UFRJ), where I began to research creole jewellery in parallel with the design of jewellery and accessories for Uzuri.

In the midst of this research, I came across faces, images and aesthetics that felt familiar, and were deeply inspiring, yet they remained anonymous, their history and identity unknown. This was true, for example, of Florinda Anna do Nascimento, the fabulous Dona Fulô, who, with her confident gaze, her enigmatic smile, her imposing clothing and accessories, has now finally emerged with a name, surname and a life story, with tales that were hidden, positioned at the edge of the identity and memory of this vast (Afro-)Brazilian territory.

This creole jewellery delineates a very specific space for the expression of ancestral and cultural values that communicate with each other directly (and mysteriously), signifying identity, self-esteem, uniqueness, religion and social standing. Like much African/Afrodescendant artistic production, this jewellery projects and expands itself, and goes beyond mere adornment and vanity: it maintains a connection and mysticism with a multitude of factors that make up our current intertwined symbology in every detail, filigree, and aesthetic twist and turn. In addition, it constitutes a powerful group of actions for social mobility, encompassing the value of financial capital and savings, to the point that it was able to transform a significant number of Black women into one of the richest groups in Brazilian society in any given historical period.

From a Sankofa perspective—the concept of the Aka people from West Africa that can be summarised as the concept of "returning to the past to redefine the present and construct the future"—, I revisit and look more closely at these adornments and the images of the Black women wearing them, and like the interwoven beads in a necklace, I will use them to try to mend the spaces and gaps and the deliberate silences in order to forge new links and new ways of overcoming historical erasures, and open up new paths to extend such aesthetics and incorporate them into contemporaneity. Shapes, chains, shells, and golden and silver metals are the base for this production whose purpose is to exalt and give continuity to the beauty and ancestral legacy of creole jewellery. In this process, it is vital to break away from the paradigm and ideal of Eurocentric and hegemonic beauty in order to perpetuate Afro-Brazilian aesthetic diversity.

Throughout the turbulent year of 2021, I decided to use my own history to recreate the history of creole jewellery and the history of these Black women, and to find how these threads were woven together. Thick chains, beaded necklaces, shells, and filigree pieces were thus revealed as material expressions of abundance and satisfaction with the legacy and maintenance of an African heritage, despite having made concessions to contemporary issues and poetics.

As a grand ritual of royal validation, when I (re)create and construct a source of autonomy, I see myself reflected in Dona Fulô, and I find her in me with her fearless and serene gaze in which her jewellery is also a protective and strengthening armour. How long has it taken for me to finally rediscover an image that, for so long and in so many different contexts had been displayed without a name, a signature, and apparently no history? But ancestry can be reborn and is steeped in everything. And I am of the water.

Oshun is the ancestor of great matriarchs like Mãe Menininha do Gantois and so many others here. Gerônimo sang the right song: "*Nessa cidade, todo mundo é d'Oxum*" [In this city, everyone is Oshun's people]. The city is Salvador, surrounded by the protective mantle of the great mother, who is part of every child born from the drops of her waters and the rattle of her bracelets. In the beauty of this multitude of fruit, a black woman named Florinda Anna do Nascimento, a woman of so many tales and so many roles, now reveals her treasure chest of jewellery, adornments and stories.

This text and this book are a song in praise of her.

AS CHAMADAS "JOIAS DE CRIOULA"

Thais Darzé

Nasci na Bahia — terra de todos os santos, encantos e axés —, em sua capital, Salvador — cidade sagrada e profana —, no ano da graça de 1983. No verão de 2003, quando eu vivia o auge de meus 20 anos, Moraes Moreira e Armandinho Macedo lançaram o *hit* carnavalesco "Chame gente", uma explosão musical cuja letra ecoa trechos citados, na abertura do parágrafo: "Alegria, alegria é um estado que chamamos Bahia/De todos os santos, encantos e axé/Sagrado e profano, o baiano é Carnaval". E, embora na sequência os versos mencionem que "pelo corredor da história [...] escorre o sangue e o vinho", o fato é que, ao afirmar que "o baiano é Carnaval", a canção — por melhor que seja — acabou se impondo como mais uma peça no altar montado para sacramentar a imagem do povo baiano como brando, feliz, festivo e pacífico, sempre de bem com a vida.

Ocorre, porém, que essa imagem, em parte real, é também largamente fictícia. Afinal, mesmo que pelo "corredor da história" de Salvador de fato escorra, por vezes, vinho, a verdade é que "pelas vias e pelas veias" da Bahia sempre escorreu muito mais sangue. E, apesar de, como prossegue a canção, a "Vitória, a Sé e o Campo Grande" com certeza reunirem um "verdadeiro enxame de gente e alegria", em especial durante o Carnaval, logo ali do lado, "no mangue e no Pelourinho", sempre houve ranger de dentes e de correntes — e isso nem sempre se ouve, e quase nunca se canta.

O baiano, de todo modo, não é, nem nunca foi, só carnaval.

Salvador é a cidade mais negra fora do continente africano e, em 2017, a Pesquisa Nacional por Amostra de Domicílios Contínua (PNAD Contínua), do IBGE, apontou que 8 em cada 10 moradores se autodeclararam negros. É sob essa ótica que, ao comparar as duas últimas décadas do século XX — o tempo em que nasci e cresci — com a mítica Salvador "sagrada e profana" dos séculos XVIII e XIX, ambas não me parecem nem tão distintas nem tão distantes, pelo menos não no imaginário que ainda permanecia (ou permanece?) eivado de pensamentos coloniais e escravistas, e tampouco em uma despudorada caracterização da escravidão segundo a qual esta teria sido branda, marcada por relações amistosas entre senhores e escravos, num quadro em que, de um lado, tínhamos a boa índole e a boa vontade dos escravizadores e, do outro, a fidelidade, a submissão e, claro, a inferioridade dos escravizados.

Cursei todo o ensino médio e o fundamental em um colégio jesuíta — mais um elo a entrelaçar minha trajetória pessoal com a história de minha cidade natal, pois os primeiros integrantes da Companhia de Jesus não só desembarcaram na Bahia como foram decisivos para o estabelecimento da primeira capital, na qual instalaram seu primeiro colégio. Entre aquelas paredes, em plena sala de aula, jamais me esqueci das páginas do livro de história que estampavam uma ilustração na qual um senhor de engenho caminhava à frente, exalando empáfia e orgulho, e era seguido por dezenas de escravas ricamente adornadas com uma joalheria farta, opulenta e extravagante.

Para a historiografia daquele tempo, essas joias eram insígnias de poder da elite branca brasileira, e estavam ali para demonstrar o prestígio e a ascensão econômica dos donos de escravos. E, se todo esse luxo se materializava em suas damas de companhia e escravas domésticas, era só por elas supostamente serem, na visão destes senhores, "dignas" de portarem aqueles ornamentos. E só por conta do "bom comportamento" delas e/ou de sua fidelidade a eles é que podiam ostentar peças de ouro ou prata lustrosas como aquelas. Tal narrativa era corroborada também pelo discurso de meus professores de história no ensino fundamental.

Até fins da década de 1990, e mesmo no início do século XXI, nas escolas brasileiras essa versão se apresentava como a única possível para explicar a existência e o uso daqueles adereços, as chamadas "joias de crioula". Não restam dúvidas, portanto, de que estávamos — e é bem possível que ainda estejamos — diante de uma clássica disputa de narrativas em que mais uma vez a classe subalternizada foi invisibilizada e silenciada pelo discurso historiográfico da classe dominante.

Apenas em 2003, ironicamente o mesmo ano do lançamento do *hit* carnavalesco citado antes, foi promulgada a lei 10.639/03, que tornou obrigatório o ensino da história africana e afro-brasileira nas instituições de ensino médio e fundamental em todo o território nacional. A lei representa um importante marco na luta antirracista e um enorme avanço do movimento negro na transformação da política social e educacional no Brasil. Ela deve ser compreendida como conquista popular e histórica, pois ajudou na

1. ARAÚJO, Juvenal. "Os 15 anos da lei 10.639". *Geledés*, 12 jan. 2018. Disponível em: <https://www.geledes.org.br/os-15-anos-da-lei-10-639/>. Acesso em: 2 ago. 2021.

2. ALMEIDA, Silvio. *Racismo estrutural*. Col. Feminismos Plurais. São Paulo: Pólen, 2019.

ampliação do debate e potencializou a luta e a consciência contra o racismo enquanto problema social coletivo e estrutural.

Dezoito anos após sua publicação, a lei ainda "não pegou", na medida em que jamais foi efetivamente cumprida devido a uma série de intolerâncias e discriminações enraizadas em nossa sociedade. Em artigo publicado no portal *Geledés*, em 2018, o então secretário nacional de Políticas de Promoção da Igualdade Racial do Ministério dos Direitos Humanos, Juvenal Araújo, apontou uma série de obstáculos enfrentados para o funcionamento da lei, destacando que "a dificuldade também se encontra no campo de formação da maioria dos educadores".[1] Tudo isso posto, parece-me impossível tratar das chamadas "joias de crioula" sem antes reconhecer que raça e gênero direcionaram por séculos os rumos dessa narrativa e que ela sempre foi divulgada sob uma ótica míope. Refletir sobre raça em um país como o nosso não é tarefa fácil, e tentarei não me proteger com o conceito de etnia, como fez brilhantemente Gilberto Freyre, marcado negativamente pelo mito da "democracia racial" no Brasil, e como fizeram também diversos outros autores brasileiros que evitaram enfrentar a complexidade e a violência inerentes às questões raciais e ao racismo no país. Mas o fato é que, no caso da joalheria crioula, deparamos com mais um agravante, além do racismo estrutural: refiro-me, é claro, à questão de gênero, pois afinal estamos falando do protagonismo de mulheres negras brasileiras nos séculos XVIII e XIX, um assunto tabu durante séculos.

O professor e filósofo Silvio Almeida afirma, em seu estudo *Racismo estrutural*, que a antropologia do início do século XX e bem mais tarde a biologia, a partir do sequenciamento do genoma, demonstram que não existem diferenças biológicas e culturais que fundamentem qualquer tratamento discriminatório entre seres humanos. O que ocorre, segundo ele, é que "a noção de raça ainda é fator político importante, utilizado para naturalizar desigualdades e legitimar a segregação e o genocídio de grupos sociologicamente considerados minoritários".[2]

Em uma sociedade envenenada pela violência do preconceito racial, inúmeros historiadores deram (ou optaram por dar) pouca importância à evidência de que as mulheres forras foram capazes de ocupar lugar de destaque na economia do período escravista. Esse fato não poderia, teoricamente, ser real. A visão da mulher forra sempre foi estigmatizada pela pobreza, e certos autores, mesmo constatando que muitas delas possuíam bens e que algumas chegavam até a ter escravos, mantiveram a imagem de pobreza desse grupo.

Na contramão desse posicionamento, a historiadora norte-americana Mary C. Karasch inicia seu livro sobre mulheres "livres de cor", no Brasil central, afirmando: "O grupo mais invisível da história do Brasil Colônia deve ser o da mulher livre de cor. Ela raramente aparece na correspondência oficial, exceto para se denunciar seu papel em batuques ou para acusá-la de prostituição".[3]

Já a filósofa Djamila Ribeiro afirma que a existência de "histórias de resistência e produções de mulheres negras desde antes do período escravocrata" comprova que "o debate já vinha sendo feito; o problema, então, seria sua falta de visibilidade".[4] Ou seja: não é que a mulher negra não tenha falado: a questão é que ela não era ouvida.

É por essa sucessão de razões que se mostra urgente a tarefa de reescrever essas histórias e resgatar a trajetória de pelo menos algumas das mulheres que portaram as joias de crioula. E é fundamental recolocá-las na condição de sujeito, e não de "sujeitadas"; resgatá-las como agentes ativas de sua própria história, e não como mera mercadoria passiva, como historicamente eu e a maioria dos brasileiros fomos ensinados no curso de nossas vidas, na escola e fora dela.

Essas joias reluzem como um exemplo vivo de continuidade, de resistência da cultura negra e de rejeição à condição de mercadoria, levando-se em conta a forma como elas se materializaram, como foram produzidas e ostentadas: o contexto de um povo subjugado a um regime de escravidão que ainda assim conseguiu manter sua religiosidade e sua identidade cultural por meio desses adornos. Mesmo uma sociedade sexista, racista e aristocrata não teve poder para apagar a força econômica, cultural e religiosa dessas mulheres, de que o brilho de suas joias é testemunha concreta.

O tempo do colégio passou e no ano de 2011 conheci a obra da artista plástica Nádia Taquary, cuja pesquisa se baseia na joalheria afro-brasileira e nos adornos corporais africanos. Nessa época, Nádia estava produzindo esculturas que agigantavam os famosos balangandãs. Quando a questionei sobre o significado e os desdobramentos de sua obra, ela me respondeu, incisiva e direta: "Preciso que as pessoas se perguntem o que é isso... Os balangandãs e a joalheria afro-brasileira, a chamada joia crioula, não são meros suvenires da Bahia. No entanto, viraram objetos de fetiche, sendo esvaziados de sentido". Os balangandãs são símbolos gigantes, e gritantes, de liberdade, de ascensão social e econômica, símbolos de estratégias para compra de alforrias, além de carregarem um conjunto de crenças, pois são também objetos votivos e de cunho religioso.

Até porque, ainda de acordo com o relato de Nádia Taquary, "não existe na arte tradicional africana nada isento de religiosidade, de produção de sentido, de signos que falam dessa religiosidade,

3. KARASCH, Mary C. *Slave Life in Rio de Janeiro — 1808-1850*. Princeton: Princeton University Press, 1987.

4. RIBEIRO, Djamila. *Lugar de fala*. Col. Feminismos Plurais. São Paulo: Pólen, 2019.

seja um utensílio, uma máscara, ou objetos de uso do cotidiano". Tais palavras ecoaram profundamente em mim e fui invadida por um enorme desconforto, pois talvez tenha sido a primeira vez que eu — filha da "sagrada e profana" cidade do Salvador, majoritariamente negra, mas criada num mundo quase paralelo, branco e elitizado — me dei conta da existência de narrativas não oficiais, muito além da história destituída de sentido que aprendi nos bancos da escola, uma história real e concreta, distante também das banalidades de uma falsa baianidade.

Alguns anos mais tarde, em 2017, tive a oportunidade de conhecer a impressionante coleção de joias do antiquário Itamar Musse. O encontro foi avassalador. Toda a grandiosidade, a fartura, a opulência, a historicidade e a identidade daquelas peças estavam ali, diante de meus olhos. Recordo-me de não querer sair da frente daqueles exemplares: desejei poder passar horas a fio contemplando cada filigrana, cada detalhe, cada forja das peças ocas ou maciças, chapadas ou em volume, decoradas em cinzelado ou com gravações. Então percebi de imediato que me defrontava com dois tesouros: o material e o imaterial.

Naquele momento Itamar, assessorado pela incansável pesquisadora Zélia Bastos, já movia esforços para desvendar o segredo das joias, pois a história da joalheria brasileira jaz imersa num oceano de escassa informação documental, localizado ao longo do período colonial e durante a maior parte do Império. Algumas dessas lacunas, entretanto, foram intencionais. O ministro Ruy Barbosa, como é bem sabido, mandou queimar, em 1890, registros da escravidão para evitar que os antigos senhores pedissem indenização ao governo pela perda dos escravos. Mas muitíssimos documentos foram preservados, tais como registros de óbito e batismo, cartas de alforria, testamentos, correspondências administrativas, anúncios de jornais, tabelas de movimentação de portos, ações de liberdade movida pelos escravos contra os senhores, processos criminais, comerciais e da justiça eclesiástica, sem falar das sempre instigantes e reveladoras pinturas e narrativas de viajantes estrangeiros.

Esses registros permitem um mergulho nesse rico universo, e aos poucos foram emergindo as principais personagens que desfilam pelas páginas deste livro: mulheres extraordinárias da história do Brasil que protagonizaram lutas, organizaram-se social e politicamente, ascenderam economicamente e reestruturaram seus cultos no Novo Mundo. Mulheres como Florinda Anna do Nascimento, dita Dona Fulô; Francisca da Silva, a Chica da Silva; Bárbara Gomes de Abreu e Lima; Pulchéria Maria Conceição de Nazaré, a Mãe Pulchéria; Maximiana Maria da Conceição, a Tia Massi, e tantas outras apagadas pelo preconceito e pelo racismo.

Trazidas de forma brutal para a outra margem do Atlântico, passaram por um processo de reconstrução identitária, pois tiveram parte de suas identidades arrancada e novos elementos impostos pelo colonizador. A indumentária e os adornos corporais foram mais um caminho possível de preservação e reconstrução de si mesmas.

Nem mesmo o estabelecimento de uma portaria real em 1636, que controlava o uso de artigos de luxo por mulheres negras, determinando que elas "não poderiam usar vestidos de seda nem de tecido de cambraia ou de holanda, com ou sem rendas, nem enfeites de ouro e de prata sobre seus vestuários",[5] foi capaz de conter essas mulheres, que desrespeitavam as leis e as regras sociais, causando impacto visual com seus trajes e gerando desconforto nas classes dominantes. Além disso, um alvará de 1621 proibia negros, mestiços e indígenas de exercerem o ofício de ourives,[6] o que gerou a produção clandestina dessas joias, sem a presença dos contrastes, tornando a identificação de autoria, local, data ou teor dos metais uma tarefa virtualmente impossível.

No entanto, como as portarias, alvarás e leis suntuárias não foram respeitadas — afinal, não é de hoje que as leis "não pegam" no Brasil —, mulheres negras e crioulas continuaram a usar a indumentária como forma de afirmação identitária. Em chave oposta, mas complementar, os senhores, quase como num ato de retaliação, também adornavam suas escravas, dispostos a demonstrar a própria riqueza, tornando-as símbolos de ostentação ambulantes.

Retomando por outro viés aquilo que me ensinaram na escola, mesmo que de forma direcionada e obtusa, a verdade é que mucamas, amas de leite e escravas domésticas eram de fato adornadas e trajadas, por conta da relação íntima e do convívio constante com seus proprietários, de forma semelhante à de suas senhoras. Mas o que vemos entre as mulheres negras forras e livres é a construção de uma visualidade própria.

De acordo com a historiadora Silvia Hunold Lara, "os trajes de mulheres negras constituem um rico exemplo da construção de uma linguagem visual própria, que provavelmente escapava ao entendimento senhorial. Sobre seus corpos, panos, cachimbos, amuletos e colares, usados por diversos motivos — ritualísticos ou profanos —, falavam de um mundo que, mesmo sob a escravidão, servia de ponte entre os dois lados do Atlântico".[7]

Como bem pontua a antropóloga Amanda Gatinho Teixeira, "as joias de crioulas também podem ser consideradas como uma das diversas formas de subversão, pois a rebeldia das(os) escravizadas(os)

[5]. VERGER, Pierre. *Fluxo e refluxo*. Salvador: Corrupio, 1992, p. 103.

[6]. OLIVEIRA, Octávia Corrêa dos Santos. "Ourivesaria brasileira". *Anais do Museu Histórico*. Rio de Janeiro, v. IX, 1948, p. 30.

[7]. LARA, Silvia Hunold. "Mulheres escravas, identidades africanas". Grupo de Trabalho do *I Simpósio Internacional "O desafio da diferença"*, Universidade Federal da Bahia (UFBA), Salvador, 2000. Disponível em: <http://www.desafio.ufba.br/gt3-006.html>. Acesso em: 2 ago. 2021.

8. TEIXEIRA, Amanda Gatinho. "Joalheria de crioulas: subversão e poder no Brasil colonial". *Antíteses*, v. 10, n. 20, pp. 829-56, jul.-dez. 2017.

não se estabeleceu exclusivamente a partir de grandes atos coletivos, mas também de pequenas e cotidianas resistências".[8] Com base nessas interpretações podemos levantar uma questão instigante e provocadora: teriam sido essas mulheres, elas mesmas, as projetistas de uma joalheria tão singular?

Consideradas produto do hibridismo cultural, essas peças altivas e encantadoras — que continham na aparência uma gama de heranças culturais e de variadas técnicas de produção e que não podem ser classificadas unicamente nem como europeias nem como africanas, na medida em que mesclam, numa refinada amálgama, contribuições de diferentes estilos europeus a uma concepção formal africana — passaram então a ser nomeadas joias afro-brasileiras.

Mas resta ainda indagar como essas mulheres foram capazes de ascender social e economicamente numa sociedade escravocrata, machista e excludente. Não restam dúvidas de que isso se deu por meio da labuta, de muito suor e trabalho, principalmente no comércio, e da condição de ganho. Inúmeras enriqueceram e acumularam pecúlio, rompendo as regras sociais e as leis, comprando suas alforrias e encontrando em adornos feitos em ouro e prata a forma mais direta e notável de afirmar sua identidade.

É fato bem conhecido que a escravidão urbana no Brasil era comumente estruturada em três grandes grupos: escravos de ganho, escravos de aluguel e escravos domésticos. No dito "ganho de rua", principalmente através do pequeno comércio, a mulher negra veio a ocupar posição destacada no mercado de trabalho urbano. Encontramos tanto mulheres escravas colocadas no ganho por seus proprietários como mulheres negras livres e libertas que lutavam para garantir o sustento delas mesmas e de seus filhos. As "escravas ganhadeiras", como se chamavam, eram obrigadas a dar a seus senhores uma quantia previamente estabelecida, a depender de um contrato informal acertado entre as partes. O que excedesse o valor combinado era apropriado pela escravizada, que podia acumular aquela quantia para comprar sua liberdade ou gastar no seu dia a dia.

E assim, mesmo sendo minoria na população escravizada no Brasil, as mulheres — num paradoxo apenas aparente — formaram esmagadora maioria na conquista da alforria. Embora mulheres negras nascidas no Brasil sejam as que mais obtiveram alforria, foram as nascidas na África as que mais tiveram seus inventários abertos e que mais fizeram testamentos, o que revela maior acúmulo de bens.

O viajante austríaco Johann Emanuel Pohl, que esteve no Brasil entre 1817 e 1822, observou que as pessoas brancas, de maneira geral, se sentiam superiores em relação às outras raças, simplesmente pelo fato de serem brancas, mas descreve as mulheres brancas como preguiçosas e inativas. Ainda de acordo com Pohl, havia uma missa rezada especialmente para brancos, no domingo, às cinco horas da manhã, com o nome de "missa da madrugada", pois as mulheres brancas eram tão pobres que, trajando tecidos e adereços de qualidade inferior, evitavam a missa normal de domingo, onde podiam ser alvo do olhar de desprezo das negras que "entram altivamente ataviadas de correntes de ouro e de rendas".[9]

A revisão da historiografia da escravidão brasileira e a escola do pensamento decolonial emergem na década de 1980, mas a professora Luciana Ballestrin nos recorda, em seu artigo "América Latina e o giro decolonial", do fato de agentes pós-coloniais poderem ser encontrados bem antes da institucionalização do pós-colonialismo como corrente ou escola de pensamento.[10]

A meu ver, essas mulheres são exemplos de resistência e grandes semeadoras desse tipo de pensamento no Brasil ainda no período colonial. Elas nos fazem questionar, dois séculos depois, a hegemonia tanto das teorias quanto dos poderes institucionalizados. Sabemos que a maior parte dessas mulheres e, consequentemente, suas histórias foram apagadas e silenciadas para sempre. De alguma forma, porém, elas ressurgem nas páginas deste livro, repleto de vozes e cores em torno da figura de nossa preciosa Florinda e de inúmeras outras mulheres negras que deram à luz, já há séculos, um Brasil que haverá de ser mais justo, mais equânime, mais reluzente — e mais feminino, é claro.

E, como tudo sempre acaba em canto na Bahia de todos os santos, encantos e axé, eis aqui, para finalizar, os versos que Edson Gomes canta em seu reggae "Liberdade!": "Mas vamos, amigo, lute, vamos, levante e lute, se não a gente acaba perdendo o que já conquistou". Que brilhem para sempre as conquistas concretas de Florinda Anna do Nascimento e de todas as mulheres negras que nunca deixaram de cantar a liberdade.

[9]. POHL, Johann Emanuel. *Reise im Innern von Brasilien*. Viena: A. Strauss's Sel., 1832.

[10]. BALLESTRIN, Luciana. "América Latina e o giro decolonial". *Revista Brasileira de Ciência Política*, Brasília, n. 11, maio-ago. 2013.

JEAN-BAPTISTE DEBRET. *EMPREGADO DO GOVERNO SAINDO A PASSEIO*. RIO DE JANEIRO, 1825. AQUARELA SOBRE PAPEL. 19,2 × 24,5 CM. ACERVO MUSEU CASTRO MAYA, RIO DE JANEIRO.

JEAN-BAPTISTE DEBRET. *FONCTIONNAIRE DU GOUVERNEMENT AVEC LA FAMILLE DERRIÈRE LUI* [GOVERNMENT EMPLOYEE GOING FOR A WALK]. RIO DE JANEIRO, 1825. WATERCOLOUR ON PAPER. 19.2 × 24.5 CM. CASTRO MAYA MUSEUM COLLECTION, RIO DE JANEIRO.

THE SO-CALLED "CREOLE JEWELLERY"

Thais Darzé

I was born in the year of grace 1983 in Bahia—land of all the saints, enchantments and *axés*—, in its capital, Salvador—a city both sacred and profane. In the summer of 2003, when I had reached the dizzying age of 20, Moraes Moreira and Armando Macedo released the carnival hit "Chame gente" [Call the people], a musical hit with lyrics echoed by the passages quoted above: "*Alegria, alegria é um estado que chamamos Bahia/De todos os santos, encantos e axé/Sagrado e profano, o baiano é Carnaval*" [Joy: joy is what we call Bahia/with all the saints, enchantments as well as the *axés*/Sacred and profane, Bahia is pure carnival]. And, although the verses that follow these lines mention that "over the passage of history [...] the blood and wine have flowed," the fact is that, when it says "Bahia is pure carnival," the song—no matter how good—becomes yet another part of the myth that reinforces the stereotype of the people of Bahia as welcoming, affable, festive and peace-loving, always happy with life.

However, although this image is at least in part real, it is generally a work of fiction. After all, even though wine has sometimes flowed through the history of Salvador, the truth is that there was always more blood that ran "through the avenues and arteries" of Bahia. And, though, as the lyrics continue, the states of "Vitória, Sé, and Campo Grande" certainly bring together "crowds of happy people," especially during Carnival, alongside it, "in the mangrove and Pelourinho," there has always been the gnashing of teeth and the rattle of chains—which are not always heard, and almost never sung about.

Bahians, in any case, are not, and never have been just about carnival.

Salvador is the blackest city outside the African continent and, in 2017, the IBGE National household census showed that eight out of ten residents declared themselves as Black. It is from this perspective that, by comparing the last two decades of the 20th century—the period in which I was born and grew up—with the mythical "sacred and profane" Salvador of the 18th and 19th centuries, neither seem to me so distinct or distant, at least not in the flawed imaginary that remained (or still remains?) of colonial thinking and slavers, or in the shameless characterisation of slavery according to which was good-natured, marked by friendly relations between masters and slaves, in a framework in which, on the one hand, presents the good character and good will of the slaves and, on the other, loyalty, submission and, ultimately, inferiority.

My primary and secondary education was at a Jesuit college—another link that intertwines my own story with the history of my city, because the first Jesuits not only landed in Bahia, but were behind the establishment of the first capital, in which they founded their first school. Within those classroom walls, I have never forgotten the pages of the illustrated history book with an illustration of a well-to-do puffed-up landowner, walking proudly ahead of his dozens of slaves who were ostentatiously bedecked in opulent, elaborate and extravagant jewellery.

In the context of those times, this kind of jewellery was considered a sign of the power of the Brazilian white elite, and was intended to show off the status and economic success of the slave owners. And, while all this luxury was flaunted by their female "companions" and domestic slaves, it was only under the condition that they were, in the view of the masters, "worthy" of wearing such ornaments, and only because of their "good behaviour" and/or their loyalty, that they were permitted to wear such dazzling gold and silver pieces. This narrative was also backed up by the language my history teachers used at primary school.

Until the end of the 1990s, and possibly even still at the start of the 21st century, this version was the only one given in Brazilian schools to explain the presence of this so-called "creole jewellery." We were—and quite possibly still are—clearly faced with a classic narrative of deflection where yet again the subordinate classes were cloaked and silenced by the historical discourse of the dominant class.

It was only in 2003, which, ironically, was the same year that saw the release of the above-mentioned hit, that law 10.639/03 was enacted. This made the teaching of African and Afro-Brazilian history compulsory in primary and secondary schools throughout the country as a whole. This law was an important milestone in the anti-racist struggle and a huge step forward for the Black movement in the transformation of social and educational policy in Brazil. It was a popular and historic achievement as it has helped to open up debate and has increased awareness of the fight against racism as a collective and structural social problem.

1. ARAÚJO, Juvenal. "Os 15 anos da lei 10.639". *Geledés*, 12 Jan. 2018. Available at: <https://www.geledes.org.br/os-15-anos-da-lei-10-639/>. Accessed on: 2 Aug. 2021.

2. ALMEIDA, Silvio. *Racismo estrutural*. Col. Feminismos Plurais. São Paulo: Pólen, 2019.

Eighteen years later, however, the law has still "not achieved what it set out to do," due to the deep-rooted intolerance and discrimination still present in our society. In his 2018 article published on the *Geledés* portal, Juvenal Araújo, the then national secretary of policy for the Equality and Human Rights commission, pointed to a number of obstacles that hindered the fulfilment of the law, and highlighted that "the difficulty is also in the extent of the education of the majority of educators."[1] With all of the above in mind, it seems impossible to write about "creole jewellery" without first accepting that race and gender have been at the root of this narrative for centuries and that it has always been presented from a skewed perspective. To reflect on race in a country like Brazil is no easy task, and I will endeavour not to hide behind the cloak of ethnicity, as Gilberto Freyre (and several other Brazilian authors) did, which was negatively stamped by the myth of "racial democracy"—and thereby avoided the need to face the nation's inherent racial and racist complexity and violence. In the case of creole jewellery, however, we are faced with another aggravating factor in addition to structural racism. I am referring, of course, to the issue of gender, as here we are discussing the central role played by Brazilian Black women in the 18th and 19th centuries—something that has been taboo for centuries.

In his study *Racismo estrutural* [Structural racism], the professor and philosopher Silvio Almeida states that in the 20th century, anthropology, and later biology based on genome sequencing, showed there are no biological or cultural bases for discrimination between human beings. According to him, what happens is that "the notion of race continues to be an important political factor, used to legitimise inequalities and the segregation and genocide of groups that are considered by society to be minority groups."[2]

In a society poisoned by the violence of racial prejudice, there have been numerous historians who (perhaps) have chosen to pay little heed to the evidence that freed slave women were able to hold prominent roles in the economy of the time. This could surely not be feasible. The view that freed slave-women had always been stigmatised by poverty was endorsed by several authors, despite the discovery that many had property and even their own slaves, and this continued to propagate the stereotyped image of poverty within this group.

In contrast, the North-American historian Mary C. Karasch starts her book on "free women of colour" in central Brazil by stating: "The most invisible group in the history of colonial Brazil must be that of the freed Black women. They rarely appear in official correspondence, other than in accusations of prostitution or of taking part in *batuques* [illegal parties]."[3]

The philosopher Djamila Ribeiro posits that the existence of "stories of Black female resistance and entrepreneurship since the slave era" proved that "the debate was already ongoing, but the problem was its lack of visibility."[4] Meaning that it is not that Black women did not have a voice, but rather, they were not heard.

All of these reasons show the urgent need to rewrite these narratives and reclaim the stories of at least some of these women who wore creole jewellery. It is fundamental to reframe these women as subjects, and not "objects"; to reposition them as active agents of their own stories and not just as passive merchandise as I and the majority of Brazilian school children were taught at school, in life, and beyond.

The glow of this jewellery is a real-life example of continuity, of Black resistance, and of a rejection of the state of being a mere possession, considering the way in which it came about and how it was produced and displayed. This is in the context of a people that even while subjugated to a regime of slavery, managed to maintain their faith and their cultural identity in the form of these adornments. Not even such a sexist, racist and classist society had the power to erase the economic, cultural and religious strength of these women, and the shine of their jewellery is clear evidence of this.

My school days over, in 2011 I came across the work of Nádia Taquary, an artist whose research is based on Afro-Brazilian jewellery and African body adornments. At the time, Nádia was creating sculptures that outsized the famous *balangandãs*. When I asked her about the meaning and direction of her work, her answer was clear and straight to the point: "I want people to ask themselves 'What is this?'. The Afro Brazilian *balangandãs* and jewellery, the so-called creole jewellery, are not just souvenirs from Bahia. They seem to have become fetishised objects that have been emptied of meaning. The *balangandãs* are giant clamouring symbols of freedom, and social and economic ascent; not only are they symbols of strategies for buying freedom, but they also represent a set of beliefs as they are votive and religious objects.

According to Nádia Taquary's report, "there is nothing in traditional African art that is not religious or meaningful—whether it is a tool, a mask, or an everyday object." These words resonated for me and I felt a profound sense of discomfort, as it was perhaps the first time that I—a child of the sacred and profane city of Salvador, partly Black but brought up in an almost parallel, white, elitist world—realised that there were other unofficial nar-

3. KARASCH, Mary C. *Slave Life in Rio de Janeiro — 1808–1850*. Princeton: Princeton University Press, 1987.

4. RIBEIRO, Djamila. *Lugar de fala*. Col. Feminismos Plurais. São Paulo: Pólen, 2019.

ratives, far different from the ridiculous history I had been taught at school. There was a real and concrete history that was far from the banal Bahian falsehoods.

Some years later, in 2017, I had the good fortune to see the antiquarian Itamar Musse's impressive jewellery collection, and I was completely overwhelmed by the grandeur, the abundance, the opulence, the history, and the identity of the pieces I saw. I remember not wanting to leave: I wanted to spend hours absorbing every filigree, each detail, each hollow or solid piece, whether flat or three dimensional, whether beaten smooth or engraved. It was then that I realised I was before two treasures: one material, and the other, immaterial.

At the time, Itamar, assisted by the tireless researcher Zélia Bastos, had already made huge efforts to discover the secrets behind the jewellery, because the history of Brazilian jewellery is scant and buried in the mists of the Empire and Colonialism. It now appears that some of these information gaps were intentional. In 1890, the minister Ruy Barbosa ordered the incineration of records of slavery so as to prevent former slave masters from asking for government compensation for the loss of their slaves. However, large numbers of documents were preserved, including death and baptism records, letters of emancipation, wills, administrative correspondence, newspaper announcements, port movement records, freedom requests from slaves to their masters, criminal proceedings, ecclesiastical commercial and legal cases, not to mention the intriguing and highly revealing paintings and narratives of foreign travellers.

These records make it possible to investigate this rich universe, and gradually the main characters that stroll through the pages of this book emerge: extraordinary women from the history of Brazil who were the protagonists of struggles, who organised themselves socially and politically, and who ascended economically and restructured their belief systems in the New World. Women like Florinda Anna do Nascimento—Dona Fulô; Francisca da Silva—known as "Chica da Silva"; Bárbara Gomes de Abreu e Lima; Pulchéria Maria Conceição de Nazaré—"Mãe Pulchéria"; Maximiana Maria da Conceição—"Tia Massi", and so many others who have been erased by prejudice and racism.

Forcibly brought to the other side of the Atlantic, they had to rebuild their identities, which had been straitened and uprooted by the colonisers who had imposed new ones. Their clothing and adornments were simply another potential means of preserving and reconstructing themselves.

Not even the establishment of a royal decree in 1636, which limited the wearing of luxury items by Black women, and decreed that they were not to "wear silk, cambric or embroidered dresses, with or without lace, nor gold nor silver accessories,"[5] was able to contain these women, who disrespected social laws and rules, created a stir with their garments, and caused discomfort in the dominant classes. In addition, legislation from 1621 prohibited Blacks, mixed race and indigenous people from working as goldsmiths,[6] which led to the unparalleled clandestine production of this jewellery, but meant that the identification of maker, place, date or metal content was virtually impossible.

However, as these decrees, legislations, and licences were not respected—after all, it is not only today that laws "are not abided by" in Brazil—, black and creole women continued to wear these adornments as a way of affirming their identity. On a contrasting but complementary note, the slave masters—almost as an act of retaliation, also adorned their slaves in order to show off their own wealth, and made them into walking status symbols.

From another angle from what I was taught at school, while possibly tangential, the truth is that household and domestic slaves and wet-nurses were indeed adorned and dressed, because of the intimate relationship and constant contact with their owners, similar to that of their ladies. But what we see among the free Black women is the construction of their own appearances.

According to historian Silvia Hunold Lara, "the clothing of Black women is a rich example of the construction of an individual and unique visual language, which probably went under the radar of the slave masters. Their bodies, their shawls, pipes, amulets and necklaces, worn for a variety of reasons—ritualistic or profane—, told of a world that even under slavery was a bridge between the two sides of the Atlantic."[7]

As the anthropologist Amanda Gatinho Teixeira has stated, "Creole jewellery can also be considered as one of the many forms of subversion, because the slaves' rebellion was not only through group protests, but also through small, daily acts of resistance."[8] Such interpretations are both intriguing and thought provoking: were these women themselves the designers of this unique jewellery?

Considered a product of cultural hybridisation, these exquisitely beautiful pieces—which represent a gamut of cultural inheritances and a variety of production techniques, and can therefore not be classified as either European or African due the refined melding of different European styles and African vision—have become known as Afro-Brazilian jewellery.

The final question is how it is that these women managed to climb the social and economic ladder in such a slavocratic, chau-

5. VERGER, Pierre. *Fluxo e refluxo*. Salvador: Corrupio, 1992, p. 103.

6. OLIVEIRA, Octávia Corrêa dos Santos. Ourivesaria brasileira. *Anais do Museu Histórico*. Rio de Janeiro, Vol. IX, 1948, p. 30.

7. LARA, Silvia Hunold. "Mulheres escravas, identidades africanas". Grupo de Trabalho do *I Simpósio Internacional "O desafio da diferença"*, Universidade Federal da Bahia (UFBA), Salvador, 2000. Available at: <http://www.desafio.ufba.br/gt3-006.html>. Accessed on: 2 Aug. 2021.

8. TEIXEIRA, Amanda Gatinho. "Joalheria de crioulas: subversão e poder no Brasil colonial". *Antíteses*, v. 10, n. 20, pp. 829–56, Jul.–Dec. 2017.

9. POHL, Johann Emmanuel. *Reise im Innern von Brasilien*. Vienna: A. Strauss's Sel., 1832.

10. BALLESTRIN, Luciana. "América Latina e o giro decolonial". *Revista Brasileira de Ciência Política*, Brasília, n. 11, May–Aug. 2013.

vinist, elitist society. They did it through toil, sweat and sheer hard work, particularly through trade, and under the condition of working slaves. Many became wealthy and acquired property, breaking social rules and laws and buying their freedom. And their gold and silver adornments were an immediate and memorable way of establishing their identity.

Urban slavery in Brazil tended to be organised according to three large groups: working slaves, slaves for hire, and domestic slaves. For the so-called "street working slaves," Black women came to occupy a prominent position in the urban labour market mainly through running small businesses. This market was made up of slave women sent out to work by their owners, and free and freed Black women who had to pay their own way to support themselves and their children. The *ganhadeiras*, as they were known, were forced to give their masters a previously established amount that depended on an informal contract agreed between the parties. Anything over the agreed value belonged to the slave, who could save it in order to buy their freedom, or to spend on day-to-day necessities.

Thus, even though they were a minority of the enslaved population in Brazil, women—in a seeming paradox—were the overwhelming majority of those who purchased their freedom. Although Black women born in Brazil formed the majority of those who bought their freedom, it was the African born women who had the most inventories and who left the most wills, showing a greater accumulation of wealth.

The Austrian traveller Johann Emanuel Pohl, who was in Brazil between 1817 and 1822, observed that white people generally felt superior to the other races simply because they were white, but he described white women as being lazy and inactive. According to Pohl, there was a mass especially for whites, on Sundays, at five o'clock in the morning, called the "dawn mass," for the white women who were so poor that, wearing inferior-quality fabrics and accessories, they avoided the normal Sunday mass, where they could be the target of the contempt of the Black women who "arrived haughty in their gold chains and lace."[9]

The reframing of the history of Brazilian slavery and the decolonial school of thinking emerged in the 1980s, but in her article "América Latina e o giro decolonial" [Latin America and the decolonial turn], Professor Luciana Ballestrin reminds us that post-colonial agents could be found well before the institutionalisation of post-colonialism as a current or school of thought.[10]

In my view, these women are examples of resistance, and they sowed the seeds of this kind of thinking in Brazil even in the colonial period. Two centuries later, they still make us question the hegemony of institutionalised theory and power. We know that most of these women and, consequently, their stories have been erased and silenced forever. In some form, however, they are here resurrected in the pages of this book, full of voices and colours, and centred on the figure of our precious Florinda and the countless other Black women who, for centuries, have given birth to a Brazil that has to be fairer, more just, more luminous—and more female, of course.

And, as everything always ends in song in Bahia of all the saints, enchantments and axé, here, to conclude, are the verses that Edson Gomes sings in his reggae track "Liberdade" [Freedom]: *"Mas vamos, amigo, lute, vamos, levante e lute, se não a gente acaba perdendo o que já conquistou"* [Let's go my friend, let's fight, let's go, stand up and fight, not to lose what we've already won]. May the achievements of Florinda Anna do Nascimento and of all the other Black women who never gave up their freedom songs shine forever.

IRMANDADE DE NOSSA SENHORA DA BOA MORTE

SISTERHOOD OF OUR LADY OF GOOD DEATH

Pierre Verger

NESTA E NAS PÁGINAS SEGUINTES SÃO APRESENTADAS
FOTOGRAFIAS DE REPRESENTANTES DA IRMANDADE DE
NOSSA SENHORA DA BOA MORTE TIRADAS POR PIERRE VERGER
EM MEADOS DO SÉCULO XX — PORTANTO, JÁ LIVRES. NELAS,
É POSSÍVEL VER TRAÇOS DE VESTES, JOIAS E COSTUMES DE
SUAS ANTECESSORAS, ESCRAVIZADAS OU JÁ LIBERTAS,
DO SÉCULO XIX. FUNDAÇÃO PIERRE VERGER/FOTARENA.

ON THIS AND ON THE FOLLOWING PAGES ARE PRESENTED
PHOTOGRAPHS OF REPRESENTATIVES OF THE SISTERHOOD
OF OUR LADY OF GOOD DEATH TAKEN BY PIERRE VERGER
IN THE MID-20TH CENTURY—THEREFORE, THEY ARE ALREADY
FREE. IN THEM, IT IS POSSIBLE TO SEE TRACES OF CLOTHING,
JEWELLERY AND CUSTOMS OF THEIR PREDECESSORS,
ENSLAVED OR ALREADY FREED, FROM THE 19TH CENTURY.
PIERRE VERGER FOUNDATION/FOTARENA.

INSTITUIÇÕES CONSULTADAS
Sociedade do Monte Pio dos Artistas
Irmandade Nossa Senhora da Boa Morte da Barroquinha,
    Salvador/BA
Irmandade Nossa Senhora da Boa Morte, Cachoeira/BA

IGREJAS EM SALVADOR/BA
Santa Casa da Misericórdia
Nossa Senhora do Rosário dos Pretos

ENTREVISTAS
Dr. Álvaro Pinto Dantas de Carvalho Júnior.
    Professor de História da Universidade Federal da Bahia (UFBA)
Sra. Adeildes Ferreira de Lemos
    (entrevista sobre a Irmandade da Boa Morte Cachoeira)
Sr. Marcos Couto.
    (entrevista sobre a Irmandade da Boa Morte de Cachoeira)
Sra. Lúcia Valois.
    Bibliotecária do Museu de Arte da Bahia
Sra. Cherry Motta.
    Diretora da Fundação Instituto Feminino da Bahia
Sra. Maria Aparecida Conceição França. Bibliotecária do Acervo Iconográfico
Sra. Ana Maria Carvalho de Azevedo.
    Museóloga do Setor de Documentação
    da Fundação Instituto Feminino da Bahia
Sra. Nancy de Souza.
    Contadora de história: mitos e lendas africanas — Vó Cici —
    Ebomi Cici, Fundação Pierre Verger

ARQUIVOS, BIBLIOTECAS, INSTITUTOS E FUNDAÇÕES EM SALVADOR
Arquivo Público da Bahia
Arquivo Público Municipal
Biblioteca Central do Estado da Bahia
Biblioteca da Universidade Federal da Bahia
Biblioteca José Pedreira — Museu de Arte da Bahia
Fundação Instituto Feminino da Bahia
Fundação Pierre Verger

CONSULTED INSTITUTIONS
Monte Pio Society of Artists
Sisterhood of Our Lady of Good Death of Barroquinha, Salvador, Bahia, Brazil
Sisterhood of Our Lady of Good Death, Cachoeira, Bahia, Brazil

CHURCHES IN SALVADOR, BAHIA, BRAZIL
Santa Casa da Misericórdia
Nossa Senhora do Rosário dos Pretos

INTERVIEWS
Dr. Álvaro Pinto Dantas de Carvalho Júnior.
    Professor of History at the Federal University of Bahia (UFBA)
Mrs. Adeildes Ferreira de Lemos
    (interview about Sisterhood of Our Lady of Good Death, Cachoeira, Bahia)
Mr. Marcos Couto
    (interview about Sisterhood of Our Lady of Good Death, Cachoeira, Bahia)
Mrs. Lúcia Valois.
    Librarian of the Museum of Art of Bahia
Mrs. Cherry Motta.
    Director of the Fundação Instituto Feminino da Bahia
Mrs. Maria Aparecida Conceição França.
    Librarian of the Acervo Iconográfico
Mrs. Ana Maria Carvalho de Azevedo.
    Museologist of the Documentation Sector of the Fundação Instituto Feminino da Bahia
Mrs. Nancy de Souza.
    Storyteller: African Myths and Legends—Vó Cici—Ebomi Cici, Pierre Verger Foundation

ARCHIVES, LIBRARIES, INSTITUTES AND FOUNDATIONS IN SALVADOR, BAHIA, BRAZIL
Public Archive of Bahia
Municipal Public Archive
Central Library of the State of Bahia
Library of the Federal University of Bahia
Library José Pedreira—Museum of Art of Bahia
Fundação Instituto Feminino da Bahia
Pierre Verger Foundation

SOBRE OS AUTORES/ ABOUT THE AUTHORS

ANA PASSOS
Ana Cristina Barral Mariani Passos é joalheira, pesquisadora independente, professora, palestrante e escritora. Começou seus estudos de ourivesaria e história da joalheria em 1987, no Rio de Janeiro, com Marcio Mattar, Caio e Paula Mourão. Em São Paulo, estudou na Escola ArteMetal, no Califórnia 120 Ateliê de Joias e no Atelier Mirla Fernandes.

Foi uma das finalistas do prêmio Susan Beech Mid-Career Grant, em 2021, com seu projeto de pesquisa sobre os pioneiros da joalheria artística brasileira. É doutora em Educação, Arte e História da Cultura pela Universidade Mackenzie, com a tese intitulada *De matéria a afeto: a construção do significado da joia* (São Paulo, 2018). É mestre em Memória Social e Documento pela Unirio, com a dissertação *Mosaico de silêncios e falas: práticas e representações sociais de leitura* (Rio de Janeiro, 1994). É autora do livro *As joias de Reny Golcman,* com o fotógrafo José Terra. Publica regularmente artigos acadêmicos e na mídia sobre joalheria brasileira.

Baiana, ela vive e trabalha em São Paulo.

Ana Cristina Barral Mariani Passos is a jeweler, independent researcher, teacher, lecturer and writer. She began her studies in goldsmithing and jewellery history in 1987, in Rio de Janeiro, with Marcio Mattar, and Caio and Paula Mourão. In São Paulo, she studied at Escola ArteMetal, at Califórnia 120 Ateliê de Joias and at Atelier Mirla Fernandes.

She was a finalist for the 2021 Susan Beech Mid-Career Grant with her research project on the pioneers of Brazilian artistic jewellery. She holds a PhD in Education, Art and History of Culture from Universidade Mackenzie, with a thesis entitled *De matéria a afeto: a construção do significado da joia* (São Paulo, 2018). She holds a master's degree in Social Memory and Records from Unirio, with the dissertation *Mosaico de silêncios e falas: práticas e representações sociais de leitura* (Rio de Janeiro, 1994). She is the author of the book *As joias de Reny Golcman*, with the photographer José Terra. She regularly publishes academic and media articles on Brazilian jewellery.

Born in Bahia, she lives and works in São Paulo.

THAYNÁ TRINDADE
Thayná Trindade vive, estuda e trabalha no Rio de Janeiro, Brasil, onde é empresária na área de joias e acessórios e administra sua marca Uzuri Acessórios e Trindade Jewels. Historiadora da arte pela Universidade Federal do Rio de Janeiro (UFRJ) e designer de produto pelo Istituto Europeo di Design (IED/Rio), é assistente curatorial e pesquisadora no Museu de Arte do Rio (MAR/Rio) e curadora de arte/pesquisadora de joalheria afro-brasileira (joalheria de crioula) e em temas ligados à diáspora brasileira. Inspirada pela beleza das avós e das pessoas de seu entorno, confecciona cada peça com o olhar e o sentimento ancestrais presentes nas culturas africanas e afrodiaspóricas. Suas criações figuram em novelas e produções para a TV, além de peças de teatro e em grandes eventos, como a abertura dos Jogos Olímpicos de 2016, e já foram tema de colunas e editoriais de publicações de moda brasileiras.

Thayná Trindade lives, studies and works in Rio de Janeiro, Brazil, where she is a jewellery and accessories businesswoman and runs her brands Uzuri Acessórios and Trindade Jewels. With a degree in Art History from the Federal University of Rio de Janeiro (UFRJ) and another one in Product Design from the Istituto Europeo di Design (IED/Rio), she is a curatorial assistant and researcher at the Rio Art Museum (MAR/Rio) and an art curator/researcher of Afro-Brazilian jewellery (Creole jewellery) and on topics related to the Brazilian diaspora. Inspired by the beauty of her grandmothers and the people around her, she makes each piece with the ancestral look and feeling present in African and Afro-diasporic cultures. Her creations appear in soap operas and TV productions, in addition to plays and in major events, such as the opening of the 2016 Olympic Games, and have already been the subject of columns and editorials in Brazilian fashion publications.

THAIS DARZÉ
É pós-graduada em Art and Business pelo Sotheby's Institute of Art, em Londres, em Administração de Empresas, pela Universidade Federal da Bahia, e graduada em Comunicação Social pela Escola Superior de Administração, Marketing e Comunicação (ESAMC). Desde 2006 é curadora e diretora da Paulo Darzé Galeria.

Entre as mostras mais recentes que tiveram sua curadoria, incluem-se: *Mestre Didi — Mo Ki Gbogbo In* (abril de 2018, Almeida e Dale Galeria, São Paulo); *Pierre Verger: entre Bahia e África* (julho de 2018, Paulo Darzé Galeria, Salvador); *Ancestralidade e resistência: Mestre Didi* (outubro de 2018, MAM-BA, Salvador); *Espectador da vida: Fabio Magalhães* (abril de 2019, Salvador); *Nadia Taquary e Ayrson Heráclito* (junho de 2019, Galeria Leme/Ad, São Paulo); *Prêmio Nacional de Fotografia Pierre Verger* (outubro de 2019, Palacete das Artes, Salvador); *Mario Cravo Júnior: cabeça de tempo* (outubro de 2019, Galeria Leme/Ad, São Paulo); *Entre o Aiyê e o Orun* (outrubro de 2019, Caixa Cultural Salvador); *Simbólico sagrado: Mestre Didi e Rubem Valentim* (novembro de 2019, Museu Nacional da República, Brasília); *Construção obsessiva: Aurelino dos Santos* (fevereiro de 2020, Museu Nacional da República, Brasília); *Ìyami: Nadia Taquary* (dezembro de 2021, Paulo Darzé Galeria, Salvador, curadoria em parceria com Ayrson Heráclito).

She holds a postgraduate degree in Art and Business from Sotheby's Institute of Art, in London, and one in Business Administration from Federal University of Bahia, and a degree in Communication from Escola Superior de Administração, Marketing e Comunicação (ESAMC). Since 2006 she has been the curator and director of Paulo Darzé Galeria.

Amongst the most recent exhibitions curated by Thais Darzé are: *Mestre Didi—Mo Ki Gbogbo In* (April 2018, Almeida and Dale Galeria, São Paulo); *Pierre Verger: entre Bahia e África* (July 2018, Paulo Darzé Galeria, Salvador, Bahia); *Ancestralidade e resistência: Mestre Didi* (October 2018, MAM-BA, Salvador, Bahia); *Espectador da vida: Fabio Magalhães* (April 2019, Salvador, Bahia); *Nadia Taquary e Ayrson Heráclito* (June 2019, Galeria Leme/Ad, São Paulo); *Prêmio Nacional de Fotografia Pierre Verger* (October 2019, Palacete das Artes, Salvador); *Mario Cravo Júnior: cabeça de tempo* (October 2019, Galeria Leme/Ad, São Paulo); *Entre o Aiyê e o Orun* (October 2019, Caixa Cultural Salvador); *Simbólico sagrado: Mestre Didi e Rubem Valentim* (November 2019, National Museum of the Republic, Brasília); *Construção obsessiva: Aurelino dos Santos* (February 2020, National Museum of the Republic, Brasília); *Ìyami: Nadia Taquary* (December 2021, Paulo Darzé Galeria, Salvador, Bahia, in partnership with Ayrson Heráclito).

LUVA/ BOOK SLEEVE
Florinda, Vik Muniz, impressão jato de tinta em papel arquivo, 108,5 × 101,6 cm, 2/6 + 4 PA, Rio de Janeiro, 2022

Florinda, Vik Muniz, inkjet print on archival paper, 108.5 × 101.6 cm, 2/6 + 4 PA, Rio de Janeiro, 2022

CAPA E QUARTA CAPA/ COVER AND BACK COVER
Zezé Motta, fotografia, Christian Cravo, Salvador, 2023

Zezé Motta, photography, Christian Cravo, Salvador, 2023

DADOS INTERNACIONAIS DE CATALOGAÇÃO NA PUBLICAÇÃO (CIP)
(CÂMARA BRASILEIRA DO LIVRO, SP, BRASIL)

MUSSE, ITAMAR
JOIAS NA BAHIA NOS SÉCULOS XVIII E XIX = JEWELLERY IN BAHIA FROM THE 18TH AND 19TH CENTURIES / ITAMAR MUSSE ; ORG. ANA PASSOS ; EDITOR CHARLES COSAC ; FOTOGRAFIAS JOSÉ TERRA ; TRADUÇÃO/ TRANSLATIONS JULIET ATTWATER. — SÃO PAULO, SP : COSAC, 2023.

ED. BILÍNGUE: PORTUGUÊS/INGLÊS.

ISBN 978-65-5590-002-6

1. BRASIL — HISTÓRIA — CICLO DO OURO 2. BRASIL — PERÍODO COLONIAL 3. FOTOGRAFIAS 4. JOALHERIA — BRASIL — HISTÓRIA 5. JOIAS — BAHIA — HISTÓRIA 6. JOIAS — BRASIL — HISTÓRIA 7. MULHERES NEGRAS 8. OURIVESARIA LITÚRGICA 9. OURIVESARIA POPULAR I. PASSOS, ANA. II. COSAC, CHARLES. III. TERRA, JOSÉ. IV. TÍTULO. V. TÍTULO: JEWELLERY IN BAHIA FROM THE 18TH AND 19TH CENTURIES.

22-123904   CDD-739.220981

ÍNDICES PARA CATÁLOGO SISTEMÁTICO:

1. BRASIL : JOIAS NA BAHIA : PERÍODO COLONIAL : OURIVESARIA : ARTES : HISTÓRIA   739.220981

ELIETE MARQUES DA SILVA — BIBLIOTECÁRIA — CRB-8/9380